CLEVERE FUSSBALL-TRICKS FÜR KIDS

CLEVERE FUSSBALLTRICKS FÜR KIDS

ANDREW LATHAM

60 TECHNIKEN, STRATEGIEN & GEHEIMNISSE

BOOKS4SUCCESS

Umschlagfotos © Getty Images, Shutterstock
Illustrationen: Sam Ledoyen © 2016
Fotos auf den Innenseiten © Photo Works/Shutterstock,
S. 32; Jeff McIntosh/Associated Press, S. 56; Armando Franca/Associated Press,
S. 84; Matthew Pearce/Associated Press, S. 96; Brynn Anderson/Associated
Press, S. 116; Marcos Mesa Sam Wordley/Shutterstock, S. 142

7. Auflage 2022

Übersetzung: Martin Rometsch
Covergestaltung: Holger Schiffelholz
Umschlaggestalung: Johanna Wack
Herstellung: Johanna Wack und Daniela Freitag
Satz: Bernd Sabat, VBS-Verlagsservice
Lektorat: Claus Rosenkranz
Druck: CPI books GmbH, Leck, Germany

ISBN 978-3-86470-527-4

Bibliografische Information der Deutschen Nationalbibliothek:
Die Deutsche Nationalbibliothek verzeichnet diese Publikation in der
Deutschen Nationalbibliografie; detaillierte bibliografische Daten
sind im Internet über <http://dnb.d-nb.de> abrufbar.

BÖRSEN MEDIEN
AKTIENGESELLSCHAFT

Postfach 1449 • 95305 Kulmbach
Tel: +49 9221 9051-0 • Fax: +49 9221 9051-4444
E-Mail: buecher@boersenmedien.de
www.books4success.de
www.facebook.com/plassenbuchverlage
www.instagram.com/plassen_buchverlage

Inhalt

STRATEGIEN

FÜR ELTERN

VORWORT von Tom Starke

Liebe Kinder! Liebe Fußballbegeisterten!

Ich selbst war ein absoluter Spätzünder. Erst mit neun Jahren bin ich das erste Mal zum Fußballtraining gefahren. Zuvor habe ich zwei Jahre lang Handball gespielt und mich in der Leichtathletik versucht. Das war ganz nett, aber richtig gereizt und gefesselt hat mich beides nicht, sodass ich 1988 beschlossen habe, etwas Neues auszuprobieren.

Auf dem Weg zum Fußballtraining schwor ich mir damals, und sagte es auch meinem Vater, der mich dorthin brachte, mich auf keinen Fall ins Tor zu stellen. Das interessierte meinen Trainer Manfred Kandora allerdings wenig. Und weil ich dank meiner beim Handball gelernten Fangtechnik ganz gut seine Schüsse parierte, überzeugte er mich, doch die ungeliebte Position anzunehmen.

Die ersten Spiele mit der BSG Stahl Freital waren schrecklich.
Wir verloren häufiger, als wird gewannen. Gegen Dynamo Dresden kassierte ich in der D-Jugend sogar einmal fünf Gegentreffer. Doch der Frust über Niederlagen war nie so groß, dass er mir meine Freude hätte nehmen können. Fußball wurde zu meiner großen Liebe. Zu meiner großen Leidenschaft. Zu dem, was mich glücklich machte.

Über Dynamo Dresden ging es über Leverkusen, Hamburg, Paderborn, Duisburg und Hoffenheim nach München. Ich habe mit Bayern die Champions League gewonnen, bin fünfmal deutscher Meister geworden, habe dreimal den DFB-Pokal gewonnen. Hatte eine wahnsinnig tolle Karriere, und das, obwohl mich Uli Hoeneß, als ich 21 Jahre alt war und damals noch im Trikot des HSV sechs Gegentreffer gegen Werder Bremen kassiert hatte, als „Fliegenfänger" bezeichnete. Er behauptete damals, ich werde kein Bundesligaspiel mehr absolvieren.
Zum Glück täuschte er sich und es folgten trotz dieser Klatsche in meinem erst zweiten Bundesligaspiel überhaupt noch 97 weitere.

Ich hatte in meiner Karriere viele Trainer. Ich hatte einfühlsame Trainer und Nörgler. Ich hatte welche, die einen motivieren konnten. Und solche, die einen eher runterzogen.
Ich möchte euch, liebe Kids, vor allem eines auf eurem Weg mitgeben: Nehmt euch kleine Schritte vor. Ihr müsst nicht immer nach den höchsten Zielen streben. Freut euch auch über die kleinen Erfolgserlebnisse.

Als ich mein erstes Probetraining bei Dynamo Dresden absolvierte, konnte ich mit meinem starken rechten Fuß den Ball sieben Mal jonglieren, während alle anderen ihn minutenlang hochhalten konnten. Ich freute mich aber, als ich es acht Mal schaffte. Und als daraus zehn Mal wurden. Ich habe mich immer an kleinen Dingen orientiert und mich gefreut, wenn ich sie geschafft habe. Über meinen ersten Pass, den ich mit dem linken Fuß zum Mitspieler gebracht habe. Über gelungene Übersteiger. Es muss nicht immer nur der Sieg sein, der euch glücklich macht und antreibt.
Vor allem müsst ihr euch aber auch klarmachen: Ohne Training, ohne Fleiß und ohne den Willen, immer besser werden zu wollen, geht es nicht.
Ihr müsst nicht unbedingt die größte Qualität haben, um Profi zu werden. Ihr müsst aber eine große Mentalität haben, also einen unbedingten Willen. Mentalität schlägt immer Qualität. Das müsst ihr euch merken.
Ihr müsst es wollen. Und ihr müsst Geduld haben, etwas so lange zu üben, bis ihr es könnt.
Als Letztes rate ich euch noch: Lasst euch nie entmutigen! Denn wie ihr an meiner Geschichte gesehen habt: Auch ein Top-Fußballexperte wie Uli Hoeneß kann sich irren.

Euer Tom Starke

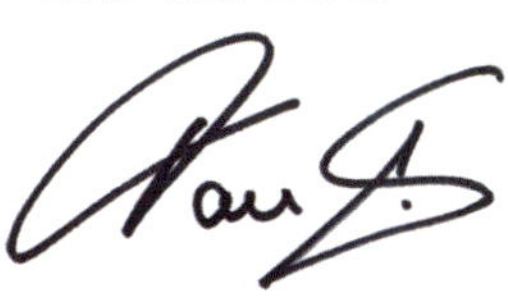

EINFÜHRUNG

Hallo, Fußballspieler!

Dieses Buch zeigt dir, wie du auf dem Platz das Beste aus dir herausholst.

Als ich ein junger Spieler war, glaubte ich, dass die Trainer darüber entscheiden, wie weit ein Spieler kommt. Als ich älter wurde, kapierte ich, dass der Schlüssel zu meinem Erfolg als Fußballspieler bei mir lag. Ich wusste nur nicht, wo er war! Stell dir dieses Buch als deinen Schlüssel und Leitfaden vor.

Jeder Fußballspieler ist ein Individuum. Fußball ist zwar ein Mannschaftssport, aber er ist von vielen Einzelaktionen abhängig. Jeder Spieler ist einmalig und entwickelt sich in seinem eigenen Tempo. Wir alle durchlaufen verschiedene Entwicklungsphasen, doch eines braucht jeder: eine gute Technik.

Es gibt kein Geheimrezept außer harter Arbeit. Wenn du fleißig trainierst und an deiner Technik feilst, entwickelst du dein Talent. Und wenn du Talent hast und hart arbeitest, wirst du unschlagbar. Wir schauen zu, wie Spitzenspieler Tore schießen und spielentscheidende

Zweikämpfe gewinnen, aber eines sehen wir nicht: wie hart sie trainieren.

Vergiss den Spaß nicht, wenn du mit deiner Mannschaft oder Freunden trainierst! Klar, du willst gewinnen, Tore schießen und Pässe spielen; aber es ist wichtiger, Freude am Spiel zu haben. Wenn du den besten Spielern der Welt zuschaust, merkst du, dass es ihnen Spaß macht, mit ihren Kameraden in einem Team zu sein.

Die meisten Experten sind sich darüber einig, dass das Fußball-Puzzle aus vier Teilen besteht: Technik, Taktik, Kondition und mentale Stärke. Dieses Buch zeigt dir, wie du diese Grundlagen entwickelst und was Trainer dazu beitragen können.

Du lernst einige Übungen kennen, mit denen du deine Technik verbessern kannst, alleine oder zusammen mit deinen Kameraden. Außerdem erfährst du, wie du ein schlauerer Spieler und ein nützliches Mitglied deiner Mannschaft wirst. Und du findest viele praktische Tipps über Zielsetzung, Fitness, Ernährung und die Vorbereitung aufs Training und aufs Spiel. Obendrein begegnest du sechs Superstars, die alle Eigenschaften und Qualitäten von Spitzenspielern haben. Sogar deine Eltern finden in diesem Buch wichtige Informationen – immerhin sind sie deine größten Fans und Unterstützer.

Du wirst dich als Fußballspieler rasant entwickeln, wenn du dich auf die Fähigkeiten, Strategien und

Geheimnisse konzentrierst, die dieses Buch beschreibt, und dir ein Beispiel an den Stars nimmst. Je weiter du kommst, desto mehr Freude hast du am Spiel. Wenn du begeistert vom Fußball bist und Spaß daran hast, kannst du dein Leben lang spielen. Vielleicht wirst du sogar Weltmeister!

GRUNDLAGEN

GRUNDLAGEN

Fußballer haben ihre eigene Sprache und als Spieler musst du die wichtigsten Begriffe und Ausdrücke kennen, damit du weißt, worüber dein Trainer spricht. Denke daran, dass er dir helfen will. Frag ihn, wenn du ein neues Wort hörst!

Positionen

Stürmer/Angreifer

Der Stürmer oder Angreifer hat die Aufgabe, Torchancen herauszuspielen und Tore zu schießen. Wenn du kein Lotterielos kaufst, knackst du nicht den Jackpot. Im Fußball ist jedes Tor ein Jackpot. Als Stürmer solltest du auch bereit sein, dem Gegner den Ball abzunehmen. Deine Hauptaufgabe ist aber das Toreschießen.

Verteidiger

Der Verteidiger arbeitet vor allem mit dem Torhüter zusammen, damit der Gegner kein Tor erzielt. Das klappt

Positionen

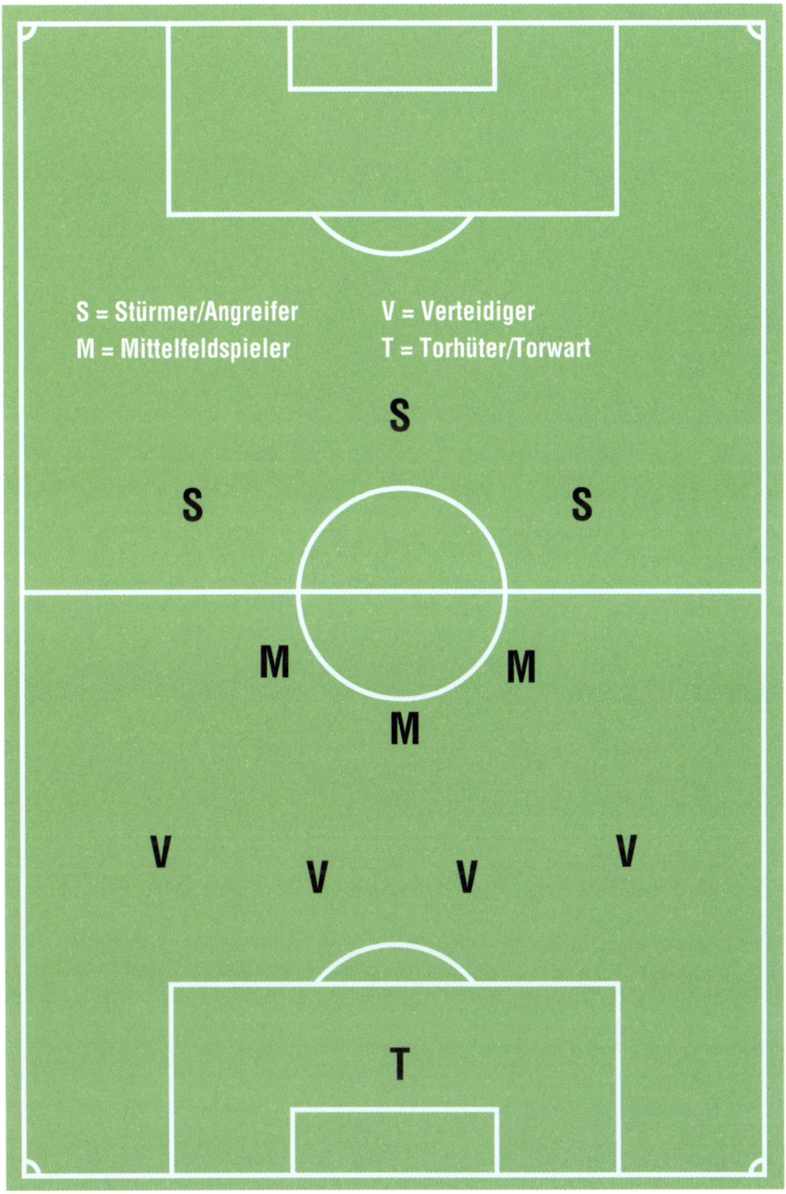
S = Stürmer/Angreifer
M = Mittelfeldspieler
V = Verteidiger
T = Torhüter/Torwart
S
S
S
M
M
M
V
V
V
V
T

am besten, wenn er der anderen Mannschaft den Ball abnimmt. Als Verteidiger musst du den ballführenden Spieler angreifen. Außerdem machst du zusammen mit anderen Verteidigern die Räume für den Gegner eng, damit er weniger Platz hat. Es gibt verschiedene Bezeichnungen für Verteidiger: Innen- und Außenverteidiger, Läufer, Libero, Vorstopper und Ausputzer.

Torhüter/Torwart

Ein Torhüter hat vor allem die Aufgabe, sein Tor „sauber" zu halten! Als Torhüter musst du dich außerdem mit den Verteidigern deiner Mannschaft absprechen. Wenn du den Ball bekommst, leitest du den nächsten Angriff deines Teams ein.

Mittelfeldspieler

Er übernimmt viele Aufgaben. Wenn deine Mannschaft den Ball hat, bist du als Mittelfeldspieler der Verbindungsmann zwischen den Verteidigern und den Stürmern. Wenn dein Team nicht in Ballbesitz ist, versuchst du, den Ball zurückzuerobern und dein Tor zu schützen. Es gibt offensive und defensive sowie Außen- und zentrale Mittelfeldspieler.

Fußballbegriffe

Angriff: Dein Team läuft mit dem Ball auf das gegnerische Tor zu.

Ballführung: Du hast den Ball vor dir und kannst entscheiden, was du mit ihm machst.

Direkter Pass: Der Ball wird nur einmal berührt und dann weitergespielt. So kann eine Ballstafette (ein Kombinationsspiel) entstehen.

Harter Pass: Ein druckvoller Pass, der sein Ziel mit hoher Geschwindigkeit erreicht.

Hinter dem Ball: Der Bereich, der deinem Tor näher ist als der Ball, wenn deine Mannschaft in Ballbesitz ist.

Konter: Gegenangriff. Du läufst mit dem Ball schnell auf das gegnerische Tor zu.

Kurzer Pfosten: Der Pfosten, der dem Ball am nächsten ist. Das ändert sich, wenn der Ball übers Feld gespielt wird.

Langer Pfosten: Der Pfosten, der am weitesten vom Ball entfernt ist. Das ändert sich, wenn der Ball übers Feld gespielt wird.

Linien durchbrechen: Durch eine gedachte Linie zwischen den Gegenspielern stoßen.

Viererkette: Die Verteidigung. Meist gibt es vier Verteidiger.

Vor dem Ball: Der Bereich, der dem gegnerischen Tor näher ist als der Ball.

Vorderer Fuß: Der Fuß, der dem gegnerischen Tor am nächsten ist.

Vorlage: Pass zu einem Mitspieler, der dann aufs Tor schießt.

Weicher Pass: Ein Pass, der einen Mitspieler gerade noch (sanft) erreicht.

Zurückfallen lassen: Du läufst hinter den Ball, um den Ballführer zu unterstützen.

Das Spielfeld

Zugestellter Raum: Ein Bereich des Feldes, der von einem Gegenspieler besetzt ist.

Offener Raum: Ein Bereich des Feldes, in dem sich kein Gegenspieler aufhält.

Sicherer Raum: Der Bereich in deiner Nähe, der vom nächsten Gegenspieler am weitesten entfernt ist.

Tief stehen: Du befindest dich hinter dem Ball (nah am eigenen Tor) und unterstützt den Ballführer.

Das Spiel

Abseits: Ein Spieler befindet sich im Abseits, wenn er sich in der gegnerischen Hälfte des Spielfeldes befindet und der gegnerischen Torlinie näher ist als der Ball und der vorletzte Gegner. (Meist befindet sich der letzte Verteidiger vor dem Torhüter.)

Abstoß: Wenn die angreifende Mannschaft den Ball über die Torlinie schlägt, wird der verteidigenden Mannschaft ein Abstoß zugesprochen.

Eckball: Dein Team bekommt einen Eckball, wenn es angreift und ein gegnerischer Spieler den Ball über die eigene Torlinie schlägt.

Einwurf: Wenn eine Mannschaft den Ball über die Seitenlinie schlägt, darf der Gegner den Ball ins Spielfeld zurückwerfen.

Begriffe

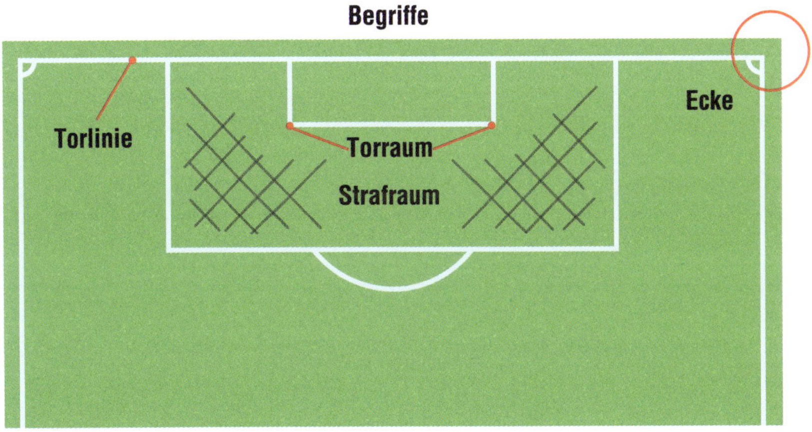

Foul: Es liegt vor, wenn der Schiedsrichter entscheidet, dass ein Spieler sich unfair verhalten hat.

Freistoß: Nach einem Foulspiel spricht der Schiedsrichter der anderen Mannschaft einen Freistoß zu, mit dem das Spiel fortgesetzt wird.

Strafstoß/Elfmeter: Wenn du im eigenen Strafraum einen Gegenspieler foulst, bekommt die andere Mannschaft einen Strafstoß zugesprochen.

Tor: Ein Tor wird gegeben, wenn der Ball die Torlinie zwischen den Pfosten vollständig überschritten hat.

Fertigkeiten und Strategien

Dribbeln: Du hast den Ball eng am Fuß, überlistest den Gegenspieler mit einer Körpertäuschung (Finte) und überläufst ihn.

Laufen: Mit dem Ball laufen und ihn nach jedem dritten oder vierten Schritt berühren.

Passen/Passspiel: Den Ball einem Mitspieler zuspielen.

Schießen: Den Ball (kraftvoll) treten und ins gegnerische Tor oder zu einem Mitspieler befördern.

Verteidigen: Das eigene Tor schützen, indem man versucht, den Ball vom Gegner zurückzuerobern.

TECHNIKEN

LEVEL

TECHNIK

1

Den Ball annehmen

» *Passspiel*

Wenn du einen Ball annehmen willst, musst du drei wichtige Punkte beachten. Erstens brauchst du Platz, damit ein Mitspieler dir den Ball zuspielen kann. Zweitens musst du entscheiden, mit welchem Körperteil du den Ball stoppen möchtest und wo dein „sicherer Raum“ ist. Und bevor du den Ball annimmst, solltest du drittens wissen, was du anschließend mit ihm machst. Die besten Spieler treffen ihre Entscheidungen so früh, dass der Ball sie nie überrascht!

Bevor du einen Pass annimmst, läufst du dorthin, wo dein Mitspieler dich sehen kann. Auf einer gedachten Linie zwischen dir und dem Ballführer sollten sich keine anderen Spieler befinden. Dann kann dein Mitspieler vertrauensvoll

Den Ball annehmen

zu dir passen. Gib ihm ein Zeichen, dich anzuspielen, und bereite dich auf den Pass vor.

Wenn du den Pass annimmst, beginnst du im Zehenstand. Die Zehen des linken Fußes zeigen auf „zehn Uhr“, die Zehen des rechten Fußes zeigen auf „zwei Uhr“. So kannst du den Ball leichter und auf verschiedene Arten annehmen. Wenn der Ball auf dich zukommt, schaust du dich schnell um und überlegst, was du mit ihm machen wirst. Sobald du Ballkontakt hast, entspannst du das Knöchelgelenk, um den Ball abzufedern und in deinen sicheren Raum zu spielen. Das ist der Bereich genau vor dir, und zwar in der Richtung, in die du laufen willst – weg vom Gegner.

Jetzt hast du den Ball unter Kontrolle und kannst ihn spielen. Denk an die drei wichtigen Punkte (der Reihe nach); das hilft dir, in Ballbesitz zu bleiben.

LEVEL

TECHNIK

2

Einen Pass annehmen

» *Passspiel*

Hier konzentrierst du dich darauf, deine Körperhaltung zu verändern, ehe der Ball zu dir kommt oder, besser noch, während er auf dich zukommt. Anstatt dich mit beiden Hüften dem Passgeber zuzuwenden, versetzt du einen Fuß nach hinten, sodass eine Schulter in Ballrichtung und die andere in die Gegenrichtung zeigt. Man kann auch sagen, dass du seitlich stehst oder eine halbe Drehung gemacht hast. Wichtiger ist, dass du verstehst, was das bedeutet, und die gleiche Sprache wie dein Trainer sprichst.

Wenn du deine Position eingenommen hast, lässt du den Ball an den Füßen und am Körper vorbeirollen und stoppst ihn mit dem vorderen Fuß. Bevor du den Ball annimmst, schaust du dich wie die weltbesten Spieler immer wieder kurz um, damit du weißt, was du mit ihm tun wirst. Wenn du nicht vorwärts laufen kannst, führst du den Ball zurück in den sicheren Raum direkt vor dir und bleibst in Ballbesitz.

Es lohnt sich, den Ball mit dem vorderen Fuß anzunehmen, weil du dann bereit bist, wenn möglich vorwärts zu laufen. Wenn deine Hüften bei der Ballannahme in die Richtung des Passgebers zeigen, ist es schwieriger, den Ball weiter nach vorne zu spielen. Schau dir im Fernsehen an, wie oft Spitzenspieler den Ball mit dem vorderen Fuß annehmen.

GEHEIMNIS 1

RESPEKTIERE DAS SPIEL

Respektiere immer Mannschaftsgefährten, Schieds- und Linienrichter und Gegner. Fairplay und Respekt gehören zum Spiel dazu.

LEVEL ● ○ ○

TECHNIK

3

Oberschenkel und Brust einsetzen

» *Übe mit Freunden*

Der Ball rollt nicht immer auf dem Boden zu dir und er fliegt nicht immer hoch durch die Luft. Wenn er dich zwischen den Füßen und dem Kopf erreicht, kannst du ihn entweder mit dem Oberschenkel oder mit der Brust annehmen.

Bei guten Spielern sieht es ganz natürlich aus, wenn sie den Ball mit verschiedenen Körperteilen annehmen. Trotzdem haben sie diese Techniken gründlich geübt.

Wenn du den Ball mit dem Oberschenkel stoppst, benutzt du dafür den rechten Teil; sonst verlierst du den Ball. Wenn du mit den Oberschenkeln jonglierst, verwendest du die Mitte. Im Spiel benutzt du den Bereich knapp über dem Knie, wo die Oberschenkelmuskeln noch nicht beginnen. Dann kannst du den Ball leichter dorthin befördern, wo du ihn haben willst, oder ihn rasch zum Boden bringen, damit das Spiel weiterläuft.

Wenn du den Ball mit der Brust annimmst, hebst du das Kinn und ziehst die Schultern nach hinten, damit die Trefferfläche größer wird. Beim Ballkontakt bewegst du die Brust nach vorne und gehst leicht in die Knie, um den Ball so schnell wie möglich zum Boden zu bringen.

ÜBUNG

Übe die Ballannahme mit dem Oberschenkel und der Brust zunächst mit einem Partner. Er wirft ihn dir aus etwa 10 Metern Entfernung zu. Achte darauf, dich zum Ball hin zu bewegen, damit du lernst, seine Flugbahn richtig einzuschätzen.

LEVEL

TECHNIK

4

Kurzpässe

» *Passspiel*

Diese Technik kannst du mit einem Freund üben. Oder du schießt den Ball gegen eine Wand. Ein Kurzpass ist etwa 5 bis 15 Meter lang. Wichtig ist die Genauigkeit.

Diesen Pass schlägst du mit der Seite des Fußes (Innenrist), weil sie die größte Fläche ist, die du nutzen kannst. Dann fällt es dir leichter, den Ball am Boden zu halten, und der Pass wird genauer.

Zunächst stoppst du den Ball vollständig. Der Fuß, der nicht spielt, steht neben dem Ball; die Zehen befinden sich knapp vor ihm und zeigen in Richtung Ziel. Drehe den Spielfuß so, dass seine Seite den Ball trifft. Die Zehen sollten etwas angehoben sein, die Ferse bleibt unten. Beim

Der Innenrist

Kontakt fixierst du das Knöchelgelenk und hebst den Fuß etwas an, damit du die Mitte des Balles triffst und er auf dem Boden bleibt. Gleichzeitig bringst du das Kinn über den Ball. Auch das hilft, den Ball am Boden zu halten.

Übe so lange, bis du mit dem Spielfuß vor dem anderen Fuß landest. So kannst du dich gut auf deine nächste Bewegung vorbereiten und den Ball optimal treffen.

Sobald du das alles beherrschst, übst du mit einem rollenden Ball. Mache einen kleinen Schritt seitwärts, wenn du den Ball spielst, und folge dann den gleichen Regeln.

Bei dieser Technik ist Genauigkeit wichtig, denn du willst deinem Mitspieler helfen, den Ball anzunehmen. Wenn du das Knöchelgelenk fixierst, die Zehen anhebst und die Ferse unten lässt, gelingt dir der Pass am besten.

GEHEIMNIS 2

ABWÄRMEN

Nimm dir nach dem Training oder Spiel etwas Zeit, um den Körper und die Muskeln abzukühlen. Jogge ein bisschen. Dehne die Beine.

TECHNIK

5

LEVEL ● ○ ○

Mittellange Pässe

» *Passspiel*

Für Entfernungen von 15 bis 25 Meter schlagen wir einen mittellangen Pass. Ein Pass mit dem Innenrist ist nicht kraftvoll genug, um diese Entfernung zu überbrücken, ohne dass der Passempfänger gestört wird. Diese Übung kannst du allein oder mit einem Partner machen. Beginne mit einem ruhenden Ball, damit du dich auf die Technik konzentrieren und darauf aufbauen kannst.

Stelle den ruhenden Fuß so neben den Ball, dass die Zehen sich vor dem Ball befinden. Das Standbein muss hier etwas weiter abgespreizt sein, weil du mehr Platz brauchst, um die Hüfen zu drehen, wenn du den Ball mit dem Spann triffst, ungefähr zwischen dem Gelenk der

Spannschuss

großen Zehe und der Mitte des Spanns. Dabei ist die Zehe unten und die Ferse oben.

Beim Ballkontakt bringst du das Kinn an die Brust, damit du den Ball siehst. Achte darauf, das Knöchelgelenk zu fixieren. Nach dem Schuss landest du auf dem schießenden Fuß, auf der gleichen Höhe wie der ruhende Fuß oder ein wenig vor ihm. Halte dich aufrecht, damit der Ball auf dem Boden bleibt; dann kann der Mitspieler ihn besser annehmen. Wenn du den Ball in der Mitte triffst, bekommt er keinen Drall und hebt nicht ab.

Probiere es nun mit einem rollenden Ball. Setze den ruhenden Fuß an die richtige Stelle und folge den gleichen Anweisungen. Du lernst durch Versuch und Irrtum; also lass dir Zeit und übe so oft wie möglich.

Noch ein kleiner Tipp: Wenn du den Ball verziehst, war der ruhende Fuß wahrscheinlich dem Ball zu nahe. Wenn der Ball einen Drall bekommt, war der ruhende Fuß wahrscheinlich zu weit weg.

SUPERSTAR

David Beckham

GEBOREN: 2. Mai 1975 **POSITION:** Mittelfeldspieler

TEAM: Manchester United, Preston North End, Real Madrid, AC Mailand, LA Galaxy, Paris Saint-Germain und englische Nationalmannschaft

DAVID BECKHAM SPIELTE FÜR EINIGE der besten Klubs der Welt: Manchester United in England, AC Mailand in Italien und Paris Saint-Germain in Frankreich. Auch bei Real Madrid in Spanien war er ein *galáctico* (Superstar).

David Beckham hat zweifellos Talent und einen hervorragenden rechten Fuß. Was ihn aber von anderen Spielern abhebt, ist sein unglaublicher Trainingseifer. Er wollte schon als Kind für Manchester spielen und er übte und spielte stundenlang, um sich seinen Traum zu erfüllen. Als er Profi wurde, arbeitete er nach dem Training weiter an seinem größten Talent: dem Schuss. Beckham erzielte viele Tore durch Freistöße und schlug zahlreiche Flanken, die zu Toren führten – nicht nur dank seines Talents, sondern auch wegen seines Zusatztrainings.

Beckham hat zudem einen starken Charakter. Deshalb überstand er auch schwere Zeiten und wurde zum Superstar. Bei der WM 1998 in Frankreich verlor England das Elfmeterschießen gegen Argentinien und Beckham wurde vom Platz gestellt. Viele englische Fans gaben ihm die Schuld an der Niederlage und er wurde ausgebuht, als er wieder für Manchester United und die Nationalmannschaft spielte.

Das spornte ihn an, noch härter zu trainieren. Im Jahr 2001 schoss er das Tor, das England die WM-Teilnahme sicherte, und wurde zum Helden. Viele andere Spieler hätten diesem Druck nicht standgehalten; doch Beckham bewies, dass nichts einen Spieler aufhalten kann, wenn er hart arbeitet und Talent hat.

LEVEL ●●○

TECHNIK

6

Lange Pässe

» *Passspiel*

Wenn du einen langen Ball genau triffst, haben deine Pässe eine große Reichweite. Trainer suchen nach Spielern, die gute lange Pässe schlagen können. Wenn dir präzise lange Pässe gelingen, machst du das Spielfeld für dich und deine Mitspieler kürzer. Das ist für dein Team ein Vorteil.

Wenn du lange Pässe (mehr als 25 Meter) schlägst, fliegt der Ball fast immer durch die Luft. Man benutzt solche Pässe, um das Spiel auf die andere Hälfte des Feldes zu verlagern oder den Ball in den Raum hinter dem Gegner zu schlagen. Diese Pässe müssen genau sein; andernfalls verliert dein Team wahrscheinlich den Ballbesitz.

Übe diese Technik immer mit mindestens einem Kameraden, damit du dem Ball nicht nachlaufen musst und dadurch Zeit und Energie vergeudest. Fange mit einem ruhenden Ball an und laufe ein paar Schritte auf ihn zu. Der ruhende Fuß befindet sich vor dem Ball und seitlich etwas weiter weg von ihm, weil du Platz brauchst, um kraftvoll zu schießen. Wie beim mittellangen Pass triffst du den Ball mit dem Spann zwischen dem Gelenk der großen Zehe und der Mitte des Spanns. Die Zehe ist unten, die Ferse oben.

Allerdings triffst du hier die untere Hälfte des Balles, damit er in die Luft fliegt. Beim Kontakt lehnst du dich ein wenig nach hinten. Auch das hilft, den Ball in die Luft zu befördern. Schieße „durch den Ball“: Lass dein Bein durchschwingen. Der Fuß des Spielbeins sollte vor dem ruhenden Fuß landen.

Sobald du diese Technik beherrschst, übst du mit einem Ball, der sich bewegt. Auch hier lernst du durch Versuch und Irrtum; aber je mehr du übst, desto besser wirst du.

LEVEL

TECHNIK

7

Dem Ball einen Drall geben: Innenrist

» *Passspiel* » *Schießen*

Diese Technik siehst du während eines Spiels häufig. Ein guter Freistoß fliegt bogenförmig in die obere Ecke des Tores, weg vom Torhüter. Eckbälle und Freistöße sind gute Beispiele für diese Technik. Du verwendest sie aber auch, wenn du aus dem Spiel heraus flankst oder den Ball quer in Richtung Tor schießt.

Wichtig ist, dass die Füße die richtige Position haben und dass du den Ball so triffst, dass er *rotiert*. Das kannst du vor einer Wand üben oder mit einem Freund, der circa 15 Meter von dir entfernt ist. Übe zunächst mit einem ruhenden Ball.

Der Innenrist

Der ruhende Fuß steht so neben dem Ball, dass die Zehen sich vor ihm befinden. Wenn du den Ball an seiner Außenseite triffst, bekommt er einen Drall. Die Zehen sind dabei oben und die Ferse unten. Wenn du den Ball mit dem rechten Fuß trittst, dreht er sich gegen den Uhrzeigersinn; wenn du ihn mit dem linken Fuß trittst, dreht er sich im Uhrzeigersinn. Beobachte die Bewegung des Balles und die Rotation, also die Drehung, und lande auf dem Fuß des Spielbeins vor dem ruhenden Fuß. Wenn der Ball flach bleiben soll, triffst du ihn in der Mitte, wenn er fliegen soll, triffst du ihn in der unteren Hälfte.

Probiere das alles nun mit einem rollenden Ball. Es dauert eine Weile, bis du diese Technik beherrschst, aber sobald du sie in Griff hast, verlernst du sie nie wieder. Es ist wie beim Radfahren!

GEHEIMNIS 3

MACH DIR NOTIZEN

Mach dir nach dem Training und nach einem Spiel Notizen. Schreib auf, was du richtig gemacht hast, was du besser machen kannst und was dein Trainier nach dem Spiel gesagt hat.

TECHNIK

8

LEVEL ● ● ○

Den Ball lupfen

» *Passspiel* » *Schießen*

Der Lupfer oder Heber ähnelt vielen Pässen, die wir besprochen haben. Der Unterschied besteht darin, dass der Ball in die Luft fliegt und schnell wieder auf dem Boden landet. Du kannst den Ball über die gegnerischen Verteidiger und in den freien Raum lupfen und du kannst ihn beim Freistoß über die Mauer heben. Sobald du diese Technik im Griff hast, kannst du den Ball sogar von Weitem über den Torhüter lupfen.

Es ist viel leichter, einen Ball zu lupfen, der auf dich zurollt, weil du seine Bewegung nutzen kannst, um den Fuß unter ihn zu bekommen und ihn zu lupfen. Beim Kontakt stellst du den ruhenden Fuß so neben den Ball, dass die Zehen sich ein wenig vor ihm befinden. Die Zehen

Lupfer: Seitenansicht

des aktiven Fußes zeigen nach unten, die Ferse nach oben. Der Fuß sollte im 45-Grad-Winkel zum Boden sein. Triff den unteren Teil des Balles mit dem Gelenk der großen Zehe. Nach dem Schuss führst du das Spielbein mit, damit der Ball einen Rückwärtsdrall bekommt und langsamer wird, wenn er den Boden berührt.

Sobald du diese Technik beherrschst, versuchst du, den Ball zu einem 20 Meter entfernten Kameraden zu lupfen. Lass den Ball seitwärts oder nach vorne rollen und befolge die obigen Anweisungen. Beim Ballkontakt beugst du dich ein klein wenig nach vorne und führst das Kinn an

Lupfer von hinten gesehen

die Brust. Das hilft dir, die Zehe unter den Ball zu bringen und ihn in die Luft zu schaufeln.

ÜBUNG

Mit dem „Querlatten-Wettbewerb" kannst du diese Technik zusammen mit Freunden wunderbar üben. Er macht großen Spaß! Versucht der Reihe nach, die Latte von einem Punkt außerhalb des 16-Meter-Raumes aus zu treffen. Ein gestoppter Ball bringt zwei Punkte, ein rollender Ball einen Punkt. Sieger ist, wer zuerst elf Punkte hat.

LEVEL

TECHNIK

9

Einen Volley schlagen

» *Passspiel*

Einen Ball volley schlagen bedeutet, ihn in der Luft zu treffen, also ehe er den Boden berührt. Bei einem Halbvolley prallt der Ball einmal auf, bevor du ihn spielst. Beide Techniken sind sehr wichtig und Übung ist der Schlüssel zum Erfolg. Beim Volleyschuss sind die Hüften dem Ball und dem Ziel zugewandt. Achte darauf, dass du dein Gleichgewicht behältst, und schau auf den Ball. Die Zehen befinden sich immer unterhalb des Knöchels.

Du kannst den Ball alleine gegen eine Wand schlagen oder mit einem Partner üben, der etwa 10 bis 15 Meter entfernt ist. Wende dich deinem Freund zu und halte den Ball in Hüfthöhe in beiden Händen. Lass ihn dann los, schieße mit dem Spann und lande auf dem Fuß des Spielbeins, vor dem ruhenden Fuß. Beim Ballkontakt fixierst du das Knöchelgelenk. Die Zehen bleiben immer unterhalb des Knöchels. Das verhindert, dass der Ball in die Luft fliegt. Er sollte unterhalb der Brusthöhe bleiben.

Für den Halbvolley gilt das Gleiche. Wirf den Ball hoch, etwas über Kopfhöhe, bewege die Füße und beobachte, wie der Ball aufprallt. Bevor er zum zweiten Mal aufprallt, triffst du ihn mit dem Spann. Die Zehen bleiben ständig unterhalb des Knöchels und beim Ballkontakt ist das Knöchelgelenk fixiert.

Jetzt weißt du, wie man einen Volley schlägt. Übe deine Genauigkeit und deine Technik, bevor du kraftvoller schießt.

LEVEL ●●○

TECHNIK

10

Einen Elfmeter schießen

» *Schießen*

Viele Leute glauben, ein Strafstoß sei Glückssache. Meist handelt es sich um Spieler, die Strafstöße vermasseln oder deren Teams Spiele durch Strafstöße verlieren. Um Elfmeter zu verwandeln brauchst du eine gute Technik und Selbstvertrauen und du musst die Situation richtig einschätzen. Wenn deine Technik gut ist und wenn du weißt, was du tust, bekommst du auch Selbstvertrauen und hast Erfolg.

Du kannst nicht beeinflussen, was der Torhüter tut, und das Tor bewegt sich nicht. Selbst wenn der Torhüter einen guten Riecher hat, bekommt er den Ball nicht, wenn du ihn gut schießt. Denke daran: Der Torhüter kann nur raten – aber du weißt, wohin du schießt.

Die beiden besten Ziele sind die unteren oder oberen Ecken des Tores. Wenn der Ball in den Bereich zwischen den Knien und den Schultern des Torhüters geschossen wird, hat er bessere Chancen, ihn zu halten. Strafstöße muss man üben. Lege den Ball auf den Elfmeterpunkt, entscheide, wohin du ihn schießen willst und wie weit du zurückgehst, atme, entspanne dich, laufe auf den Ball zu, behalte ihn im Auge und schieße ihn ins Tor.

Übe so oft wie möglich mit und ohne Torhüter. Wenn du ein guter Elfmeterschütze bist, ist das ein großer Vorteil für deine Mannschaft.

Schieße den Ball mit der Seite des Fußes oder mit dem Spann. Der andere Fuß befindet sich etwas vor dem Ball. Fixiere das Knöchelgelenk. Brustkorb und Kinn bleiben über dem Ball. Lande auf dem Spielbein und bewege dich weiter in Richtung Tor. Vielleicht wehrt der Torhüter den Ball ab und du kannst den Abpraller ins Tor befördern.

Ändere deine Absicht nicht während des Strafstoßes und versuche nicht, raffiniert zu sein. Konzentriere dich auf den Vorgang, nicht auf das Ergebnis.

LEVEL ●●○

TECHNIK

11

Den Ball abschirmen

» *Übung mit Freunden*

Das Abschirmen des Balles ist eine wichtige Technik, um in Ballbesitz zu bleiben, wenn du ihn nicht weiterspielen kannst. Schirme den Ball nur ab, wenn du dich nicht zum Verteidiger umdrehen und wenn du den Ball nicht abgeben kannst. In diesem Fall schirmst du den Ball ab, bis eines der folgenden Ereignisse eintritt:

1. **Während du den Ball abschirmst, versucht der Verteidiger, dich zu umlaufen, um ihn dir abzunehmen.** Dann entwischst du ihm in die andere Richtung.

2. **Der Verteidiger ist dir zu nahe und berührt dich.** Hier drehst du dich von ihm weg und läufst weiter.

3. **Ein zweiter Verteidiger kommt hinzu und setzt dich unter Druck.** Wenn du den Kopf oben behältst, siehst du bestimmt eine Lücke zwischen den beiden.

4. **Ein Mannschaftskamerad kommt dir zu Hilfe.** Dann kannst du den Ball zu ihm passen. Wenn du viel Selbstvertrauen hast, benutzt du ihn als Köder, drehst dich flink um und läufst weiter.

Achte darauf, dass du in einer guten Position bist, um den Ball gut abzuschirmen. Bringe deinen Körper zwischen Verteidiger und Ball und sorge dafür, dass der Ball sich an dem Fuß befindet, der vom Verteidiger am weitesten weg ist, damit dieser ihn nicht einfach wegschlenzen kann. Kontrolliere den Ball mit der Fußsohle und spiele ihn mit der Außenseite des Fußes. Wenn dein Fuß ganz oben auf dem Ball ruht, gerätst du aus dem Gleichgewicht und es ist schwerer, sich mit ihm zu bewegen. Zum Schluss planst du deine „Flucht" und läufst schnell davon. Wenn du dafür länger als drei oder vier Sekunden brauchst, verlierst du wahrscheinlich den Ball.

LEVEL ● ● ○

TECHNIK

12

Den Ball jonglieren

» *Übe allein*

Manchmal ist es schwierig, allein zu üben. Für viele Techniken brauchst du einen Partner, aber fürs Jonglieren brauchst du nur einen Ball und Platz zum Üben. Das Jonglieren ist eine wichtige Technik. Jede Ballberührung ist eine Chance, die Ballannahme zu üben. Das ist notwendig, um ein guter Spieler zu werden.

Es gibt zwei Arten des Jonglierens. Beim normalen Jonglieren versuchst du, den Ball so lange wie möglich in der Luft zu halten und so viele Ballberührungen wie möglich zu haben. Beim Jongliermuster versuchst du, der Reihe nach verschiedene Teile des Fußes und des Körpers zu benutzen (zum Beispiel den rechten und den linken Fuß, den Kopf, den Oberschenkel, dann wiederholen).

Beim normalen Jonglieren hast du die freie Wahl – was immer du willst, wann immer du willst! Meist zeigen die Zehen nach dem Ballkontakt nach oben, damit du dem Ball einen Drall geben, ihn eng führen und ihn viele Male berühren kannst. Das ist hilfreich, wenn du wenig Platz hast, weil gegnerische Spieler dich umringen.

Jongliermuster sind etwas schwieriger, weil du der Reihe nach verschiedene Körperteile benutzt. Fordere dich selbst heraus und jongliere mit deinem schwächeren Fuß und mit seltener benutzten Körperteilen, zum Beispiel mit der Brust oder mit den Oberschenkeln. So trainierst du diese Technik und lernst, den Ball im Spiel besser zu kontrollieren.

Das Jonglieren ist auch eine gute Gleichgewichtsübung, weil du meist auf einem Bein stehst.

GEHEIMNIS 4

SUCH DIR EIN VORBILD

Beobachte Spieler, die in der Mannschaft deiner Stadt auf deiner Position spielen, kopiere ihre Bewegungen und lerne aus ihren Fehlern.

LEVEL ●●○

TECHNIK

13

Beidfüßig spielen

» *Dribbeln*

Bei der Ballbeherrschung geht es darum, dass du dich mit dem Ball am Fuß wohl fühlst. Versuche, deine Techniken mit *beiden* Füßen zu üben. Es ist schwierig, beidfüßig zu spielen, aber der Lohn ist groß. Wenn du beide Füße einsetzen kannst, bist du für deinen Trainer und deine Mannschaft ein großer Gewinn. Diese Bewegungen ähneln dem Jonglieren, weil du mit dem Ball laufen oder dribbeln und einige Muster verwenden kannst.

Beginne immer mit deinem schwächeren Fuß zu üben, um dich von Anfang an selbst herauszufordern. Dribble von der Torlinie zur Torraumlinie und führe dabei den Ball mit der Innen- und der Außenseite des schwächeren

Fußes. Drehe dich dann um und kehre zur Torlinie zurück. Anschließend dribbelst du bis zum Elfmeterpunkt, machst kehrt und läufst zurück. Dann läufst du bis zur Strafraumkante und wieder zurück zur Torlinie. Wiederhole diese Übungen dann mit dem stärkeren Fuß. Mache doppelt so viele Übungsserien mit deinem schwächeren Fuß wie mit dem stärkeren. Dies wird dir dabei helfen, deine Technik zu verbessern. Zähle deine Ballberührungen und versuche, ihre Zahl jedes Mal zu erhöhen. Wenn ein Freund deine Zeit stoppt, kannst du jeden Tag versuchen, deine Bestzeit zu unterbieten.

Nimm das Kinn hoch, weg von der Brust, sodass du siehst, wohin du läufst. Stupse den Ball nur an, damit er in deiner Nähe bleibt und die Verteidiger ihn dir nicht wegschnappen können. Beuge ein wenig die Knie, damit du schnell seitwärts ausweichen und die Verteidiger austricksen kannst.

LEVEL ● ● ○

TECHNIK

14

Im Strafraum schießen

» *Schießen*

Ein Schuss im Strafraum ist etwas ganz anderes als ein Schuss aus größerer Entfernung. Dabei geht es mehr um Genauigkeit und Ballbeherrschung als um Kraft und Tempo. Im Strafraum herrscht sehr oft dichtes Gedränge und du hast keine freie Sicht auf das Tor. Das ist zwar eine ungünstige Situation für dich, aber auch für den Torhüter. Ihm fällt es schwer, den Ball zu sehen, der zudem oft abgelenkt wird. Konzentriere dich auf die folgenden drei Punkte, wenn du im Sechzehner schießt:

1. **Sei selbstsicher und riskiere etwas.** Wenn du keinen Schuss wagst, schießt du kein Tor. Schlimmstenfalls

verfehlst du das Tor, bestenfalls erzielst du ein Tor, das deiner Mannschaft nützt.

2. **Stell dir vor, du passt den Ball ins Tor.** Achte auf Präzision und guten Ballkontakt. Versuche nicht, den Ball ins Tor zu knallen.

3. **Bewege dich ständig und bleib im Gleichgewicht.** Wenn du beim Ballkontakt in Rücklage kommst oder dich streckst, verfehlst du wahrscheinlich das Ziel.

Anschließend überlegst du, wie und wohin du schießen möchtest. Du willst das Tor treffen und den Torhüter überlisten. Wenn du übers Tor oder an ihm vorbei schießt, hat deine Mannschaft keine Chance, einen Abpraller zu verwerten. Wenn möglich schießt du flach, unterhalb der Kniehöhe, weil ein solcher Schuss für den Torhüter schwer zu halten ist. Wenn du direkt vor dem Tor stehst, schießt du einfach hinein; wenn du dich rechts oder links vom Tor befindest, schießt du quer, weil es dann mehr Chancen für Abpraller gibt.

LEVEL ●●●

TECHNIK

15

Duell mit dem Torhüter

» *Passen* » *Schießen*

Stell dir vor dieser Übung die Frage: „Was habe ich in dieser Situation im Griff?“ Du kannst den Torhüter nicht beeinflussen und das Tor bewegt sich nicht. Du hast nur den Ball und deine Bewegungen im Griff; also konzentriere dich im Training und im Spiel darauf.

Beginne hinten im Mittelkreis, dem Tor zugewandt. Schieße den Ball 10 bis 12 Meter weit nach vorne und sprinte ihm nach. Beim ersten Ballkontakt wirst du langsamer und schiebst den Ball nach rechts oder links. Wenn du mit rechts schießt, läufst du nach rechts, wenn du mit links schießt, läufst du nach links. Nimm den Kopf hoch und laufe auf den Sechzehner zu, am besten in den Bereich, wo der Torraum mit der Torlinie verbunden ist.

Hebe den Kopf, atme ein und passe den Ball mit dem Innenrist in die gegenüberliegende Ecke. Es gibt keinen Torhüter; darum übst du, den Ball präzise ins lange Eck zu schießen. Wiederhole diese Übung mit dem anderen Fuß und auf der anderen Seite des Sechzehners.

Mache diese Übung mindestens 30 Mal ohne Torhüter von jeder Seite aus, bevor du mit einem Torhüter übst. Auf diese Weise übst du ein Atem- und Bewegungsmuster ein, das du selbst im Griff hast.

Bleibe geduldig, wenn du mit einem Torhüter übst. Bei einem schnellen Konter schießt du entweder ein Tor oder du schießt kein Tor. Mit der Zeit lernst du, dich dem Tor ohne jede Unsicherheit zu nähern und es zu treffen. Wenn du das Ziel regelmäßig triffst, wirst du zum Torjäger.

SUPERSTAR

CHRISTINE SINCLAIR

GEBOREN: 12. Juni 1983 **POSITION:** Stürmerin; offensive Mittelfeldspielerin

TEAM: Kanadische Nationalmannschaft; Portland Thorns FC in der Frauen-Nationalliga; FC Gold Pride und Western New York Flash in der Frauenprofiliga

ALS CHRISTINE SINCLAIR bei der U-19-Weltmeisterschaft der Frauen zehn Tore erzielte und mit dem kanadischen Team eine Silbermedaille gewann, war niemand in Nordamerika überrascht. Sie hatte damals schon für Kanada an mehreren Turnieren teilgenommen und an der Universität Portland ihre US-amerikanische Karriere begonnen.

An der Uni Portland führte sie ihr Team 2002 und 2005 zu zwei Landesmeisterschaften. Während ihrer College-Karriere erzielte sie in 94 Spielen 110 Tore und gab 32 Torvorlagen. Sie gewann Meisterschaften mit dem FC Gold Pride und mit Western New York Flash und half dem Portland Thorns FC, 2013 Meister zu werden. Große Spielerinnen machen gute Mannschaften groß!

Am berühmtesten wird wahrscheinlich ihr Hattrick im Halbfinale der Olympischen Spiele von London im Jahr 2012 bleiben. Dort schoss sie alle drei Tore für Kanada bei der knappen 3:4-Niederlage gegen die USA. Viele halten dieses Spiel für das beste aller Zeiten im Frauenfußball.

Was macht Christine zum Superstar? Sie ist nicht nur eine großartige Torschützin, sondern auch eine großartige Mannschaftsspielerin. Wenn sie doppelt gedeckt wird, sorgt sie dafür, dass ihre Kameradinnen Platz und mehr Torchancen haben. Und wenn das Team unter Druck steht, fällt ihr immer etwas ein, um das Spiel zu drehen. Sie hält viele nationale und internationale Torrekorde; doch ihre größten Beiträge für ihr Team sind ihre Führungsqualitäten und ihr Einsatz für die Mannschaft. Sie ist ein echter Superstar.

LEVEL ●●●

TECHNIK

16

Dem Ball einen Drall geben: Außenrist

» *Passspiel* » *Schießen*

Es ist sehr schwierig, dem Ball mit dem Außenrist einen Drall zu geben, aber mit Geduld und viel Übung kannst du diese wertvolle Technik lernen. Du musst die Füße in die richtige Position bringen, guten Ballkontakt haben und dich mehr auf die Technik als auf Kraft konzentrieren. Sobald du die Technik beherrschst, kannst du wuchtiger schießen.

Wenn du den *rechten Fuß* benutzt, dreht sich der Ball *im Uhrzeigersinn*; wenn du den *linken Fuß* benutzt, dreht er sich *gegen den Uhrzeigersinn*. Übe diese Technik allein oder mit einem Freund, der 15 bis 20 Meter von dir entfernt ist. Beginne mit einem ruhenden Ball.

Außenrist

Der ruhende Fuß gehört neben den Ball. Du bist diesmal ein wenig hinter dem Ball, damit das Spielbein Platz hat. Geh ein paar Schritte zurück und tritt den Ball dann wie ein Bundesligaspieler. Beim Ballkontakt zeigen die Zehen nach unten und die Ferse nach oben. Du trittst den Ball auf seiner Innenseite, also auf der Seite, die dem ruhenden Fuß am nächsten ist. Behalte den Ball im Auge, achte auf den Drall und lande auf dem Spielbein vor dem ruhenden Fuß. Du spielst den Ball nur mit einem kleinen Teil des Fußes; sei also geduldig, wenn du diese Technik übst.

GEHEIMNIS 5

SCHAU DIR LIVESPIELE AN

Wenn du ein Livespiel anschaust, siehst du genau, was auf dem Feld geschieht, und dadurch wirst du ein besserer Spieler. Verfolge die Spiele deiner örtlichen Mannschaft.

TECHNIK

17

LEVEL

Kopfbälle

» *Passspiel* » *Schießen*

Kopfbälle sind für jeden Fußballspieler äußerst wichtig. Wenn du nicht köpfen kannst, ist es schwieriger, ein Spitzenspieler zu werden. Außerdem kann Köpfen gefährlich sein, wenn du etwas falsch machst. Deine Gesundheit ist wichtiger als alle sportlichen Erfolge.

Denke immer an folgende Punkte:

- Du musst nicht jeden Ball 25 Meter weit köpfen, aber du musst jeden Ball richtig köpfen.
- Der Ball prallt nicht von dir ab, sondern du köpfst ihn.

Wenn du Köpfen lernst, bist du wahrscheinlich dein bester Trainer. Wirf den Ball knapp über Kopfhöhe in die Luft und übe, ihn wieder hochzuköpfen und dann zu fangen. Köpfe mit dem knochigen Teil der Stirn, knapp oberhalb der Nase, ohne dass der Ball das obere Drittel der Stirn berührt. Wenn du ihn mit dem Schädeldach triffst, tut es weh und es kann gefährlich sein. Sobald du mit dem Köpfen vertraut bist, beginnst du damit, einen Ball zu köpfen, der dir aus 5 bis 10 Metern Entfernung zugeworfen wird, später aus 10 bis 15 Metern.

Wenn du den Ball im Spiel defensiv köpfst, sollte er hoch und weit weg fliegen. Wenn du angreifst oder ein Tor erzielen willst, köpfst du ihn nach unten und auf das Tor.

Das Kopfballspiel ist eine komplexe Technik. Dein Trainer hilft dir, deine Technik durch Üben auszufeilen. Wenn du aber auch selbst übst, hilfst du dem Trainer und wirst gleichzeitig ein besserer Spieler. Denke daran, dass Sicherheit und korrekte Technik die Schlüssel zum Erfolg sind.

STRATEGIEN

LEVEL

STRATEGIE 1

Lernen durch Zuschauen

» *Verteidigen*

Es gibt nichts Besseres als Trainieren und Üben, wenn du ein besserer Spieler werden willst. Es lohnt sich auch, Spiele anzuschauen und zu beobachten, wie die Spieler sich bewegen und was sie tun, wenn sie nicht am Ball sind. Bei Fernsehübertragungen konzentriert sich die Kamera oft auf den Ball, weil die Zuschauer zu Hause sehen wollen, was mit dem Ball geschieht. Sie wollen alle Aktionen sehen.

Hast du dich je gefragt, warum Trainer von Profimannschaften sich Spiele der gegnerischen Teams anschauen? Sie könnten die Spiele ja auch zu Hause am Fernseher verfolgen. Aber sie wollen auch das sehen, was du am Fernseher nicht siehst, zum Beispiel wie ein Team beim Angriff vorgeht, wohin die Spieler nach einem Pass laufen und wie die Stürmer sich bewegen, wenn der Ball sich im Mittelfeld befindet. Als Anfänger kannst du eine Menge lernen, wenn du ein Profifußballspiel besuchst.

Nimm einen Notizblock mit und schreibe auf, was passiert. Es ist schwer, ohne Notizen alles im Kopf zu behalten, und du willst ja wissen, wie Topspieler und Spitzenmannschaften Fußball spielen. Am besten beobachtest du Spieler, die auf der gleichen Position spielen wie du, damit du einige ihrer Tricks lernst und siehst, wie sie sich bewegen.

Wenn du ein Stürmer bist oder in einer Außenposition spielst, musst du auch auf das „Spiel ohne Ball" achten. Welche Positionen nehmen die Spieler ein? Welche Körperhaltung? Stehen sie einfach nur da oder laufbereit auf den Zehen? Pass besonders gut auf, wenn ein Team den Ball zurückerobert. Achte auf Bewegungsmuster beim Umschaltspiel. Was kannst du für dein Spiel übernehmen?

Beobachte die Verteidiger gut, wenn ihre Mannschaft einen Angriff vorbereitet. Welche Positionen nehmen sie ein? Hast du den Eindruck, dass sie sich am Angriff beteiligen wollen? Wie bereiten sie sich auf die Abwehr des nächsten Angriffs vor? Wie eng decken sie ihre Gegenspieler, wenn der Ball weit weg ist? Wie eng machen sie den Raum, wenn ein Ball auf sie zukommt?

Die Antworten auf diese Fragen machen dich zu einem besseren Verteidiger.

Falls du ein Mittelfeldspieler bist, beobachtest du die Bewegungen deiner Kollegen. Wie oft bekommen sie den Ball? Was tun sie mit dem Ball? Wie oft erobern sie den Ball zurück und wie oft verlieren sie ihn? Du wirst ein besserer Spieler, wenn du Fußballer studierst, die auf deiner Position spielen.

Beobachte aber nicht nur einzelne Spieler, sondern auch 15 bis 20 Minuten lang die ganze Mannschaft. Wie greift sie an? Schlagen die Spieler lange Pässe oder bevorzugen sie ein kurzes Aufbauspiel? Greifen sie durch die Mitte oder über die Flügel an? Was tun sie als Gruppe, wenn sie den Ball verlieren? Ziehen sie sich vor das eigene Tor zurück oder versuchen sie, sich den Ball rasch zurückzuholen?

Wenn du Spiele beobachtest, entwickelst du dich weiter und beeindruckst zudem deinen Trainer.

STRATEGIE

2

LEVEL

Muster im Kopf behalten und vorhersagen

» *Passspiel*

Wenn du dir ein Fußballspiel anschaust, ist es manchmal schwer zu erkennen, was wirklich geschieht. Es kann sogar verwirrend sein. Wenn du älter wirst, sind deine Spiele etwas besser organisiert. Derzeit lernen du und deine Kameraden noch, wie man Fußball spielt. Darum haben Zuschauer vielleicht den Eindruck, dass vieles auf dem Platz zufällig geschieht. Es ist wichtig, dass du lernst, Muster im Spiel zu erkennen und kommende Ereignisse vorauszusehen.

Vergleichen wir ein Fußballspiel einmal mit deinem Lieblingsfilm oder deiner Lieblingsgeschichte. Wenn du an diesem und am folgenden Wochenende den Film anschaust, siehst du genau das Gleiche. Am Anfang werden dir die Charaktere vorgestellt, im mittleren Teil verdichtet sich die Handlung und am Ende gewinnen die Guten. Zum Schluss kommt der Abspann. Pro Sekunde sind 24 Bilder zu sehen, und zwar immer in derselben Reihenfolge. Das Gleiche gilt für ein Buch: Du beginnst auf der ersten Seite und liest weiter bis zum Ende.

Bei einem Fußballspiel sind nur der Anfang und das Ende des „Films" gleich. Der Schiedsrichter pfeift das Spiel an und ab. Die Handlung besteht aus Torschüssen, Freistößen, Eckbällen, Einwürfen, Fouls, Abseitsentscheidungen, Toren, guten und schlechten Pässen und vielen anderen kleinen Ereignissen. Der Unterschied zwischen einem Fußballspiel und einem Film besteht darin, dass die Bilder *nie* dieselbe Reihenfolge haben. Zwar sind meist die gleichen Bilder vorhanden, aber sie erscheinen in einer *anderen* Reihenfolge. Wenn du das verstanden hast, fällt es dir leichter, Spielmuster zu erkennen und vorherzusagen.

Würde man einen Trainer fragen, welche Eigenschaft jeder Spitzenspieler hat, würde er wahrscheinlich antworten: „Er weiß vor allen anderen, wohin der Ball geht." Genau genommen handelt es sich hier nicht um Wissen, sondern um Mustererkennung. Diese Spieler achten darauf, was im Spiel geschieht, dann entscheiden sie, wohin sie laufen oder was sie tun, weil sie sich daran erinnern, was in solchen Situationen früher geschehen ist. Selbst die besten Spieler der Welt machen nicht alles richtig. Aber wenn du ein Muster erkennst und richtig darauf reagierst, staunen alle!

ÜBUNG

Das Spiel „Schere, Stein, Papier" schult deine Fähigkeit, Muster zu erkennen. Achte auf die Bewegungen deines Partners und versuche vorherzusehen, was er tun wird.

LEVEL ● ○ ○

STRATEGIE

3

Mach dir deinen Raum bewusst

» *Laufen*

Hier geht es darum, dich freizulaufen, damit du einen Pass annehmen kannst. Ein Fußballfeld ist maximal 120 mal 90 Meter groß; trotzdem ist es manchmal schwer, freien Raum zu finden, vor allem, wenn du gegen bessere Spieler und Mannschaften antrittst. Du musst lernen, Räume zu öffnen, vor allem Räume, die dem Gegner wehtun. Achte also gut auf deine Umgebung. Dein Trainer spricht vielleicht von „Raumgefühl".

Wie entwickelst du ein gutes Raumgefühl? Am wichtigsten sind kurze Blicke über die Schulter, damit du dir ein Bild vom ganzen Feld machen und die freien Räume sehen kannst. Wenn du verstehst, wo die anderen Spieler sind, woher sie kommen und wohin sie laufen, ragst du aus der Masse heraus.

Auf dem Spielfeld ist eine Menge Platz. Die meisten Spieler konzentrieren sich auf den Ball und achten nicht darauf, was abseits des Balles geschieht. Halte Ausschau nach freien Räumen. Um deiner Mannschaft zu helfen, ist jeder Raum ein guter Raum, solange du den Ballführer unterstützt. Aber du musst auch wissen, dass es einen guten, einen besseren und einen besten Raum gibt.

Es ist gut, Räume hinter dem Ball zu finden. Das heißt, du siehst Raum, der deinem Tor näher ist als der Ball. Auf diese Weise siehst du, was hinten geschieht. Wenn deine Mannschaft sich zurückzieht, musst du bereit sein, schnell zu spielen. Ihr werdet unter Druck geraten!

Wenn sich der Ball in der Mitte des Feldes befindet, ist es besser, in den Raum auf den Flügeln zu spielen, weil die Verteidiger dann quer übers Feld laufen müssen. Wenn du den Ball ganz außen führst, sind deine Möglichkeiten begrenzt: Du kannst nur nach vorne, nach hinten oder nach innen laufen. Der beste, aber am schwersten zu findende Raum ist der Raum vor dem Ball, also der Raum, der dem gegnerischen Tor näher ist als der Ball. Dort musst du dich bemühen, dich freizuspielen, und dein Raumgefühl ist sehr wichtig.

Du musst immer wissen, wo sich der Ball befindet. Verteidiger laufen zum Ball hin; darum musst du schauen, woher sie kommen, und prüfen, ob der Raum offen bleibt oder von einem anderen Verteidiger besetzt wird.

Verteidiger decken dich wahrscheinlich nicht, wenn du hinter dem Ball losläufst, weil du keine Bedrohung für sie darstellst. Wenn es dir gelingt, am Ball vorbei in den Raum zu laufen, bist du ein Gewinn für dein Team. Wenn du im Mittelfeld losläufst in Richtung Seitenlinie, bleibst du dort vielleicht stecken und bist leicht zu decken. Es ist besser, von außen nach innen zu kommen. Selbst wenn du den Ball nicht bekommst, ist es von dort aus einfacher, einen neuen Lauf zu starten und Raum zu finden.

Dein Raumgefühl und die schnellen Blicke über die Schulter helfen dir, Räume zu sehen und zu öffnen.

STRATEGIE

4

LEVEL

Einen Pass annehmen

» *Übe mit Freunden*

Wenn du das Fußballspielen lernst, ist es schwierig, die Augen vom Ball zu nehmen, weil du nicht immer genau weißt, wo der Ball ist, selbst wenn du ihn am Fuß hast. Das ändert sich mit der Zeit, wenn du mehr Erfahrung hast. Sobald du den Kopf heben kannst, wenn du angespielt wirst, und einen Pass trotzdem sicher annimmst, bist du ein besserer Spieler.

Wenn du einen Pass annimmst und deinem Kameraden dabei die Hüfte und die Füße zuwendest, ist das eine „geschlossene Position", weil du den Ball dann nur zurückpassen kannst. Wenn du den Körper „öffnest", bewegst du die Füße, während der Ball auf dich zukommt. Wenn du dann den Pass annimmst, sieht du den Raum, in den du den Ball spielen oder in den du laufen willst. Das hört sich einfach an, aber viele Spieler können das nicht. Wenn du es kannst, bis du für deine Mannschaft ein Gewinn.

Diese einfachen Bewegungen verbessern dein Spiel erheblich. Sobald du diese Technik im Griff hast, wird dir auffallen, dass dein Kopf, sobald du deinen Körper öffnest, sich so dreht, dass du den Raum siehst, der hinter dir war. Dann wirfst du automatisch Blicke nach hinten und bekommst mehr Informationen, sodass du leichter entscheiden kannst, was du als Nächstes tust. Manchmal musst du den Ball gar nicht kontrollieren und kannst die Wucht des Passes nutzen, um weiter in die gewünschte Richtung zu laufen.

ÜBUNG

Diese Bewegung übst du am besten mit deinen Freunden. Beginnt mit einem Abstand von 10 Metern und spielt euch einfache Pässe zu. Die Füße sind dem Ball zugewandt. Wenn der Ball auf dich zukommt, bewegst du den linken Fuß nach hinten, sodass deine Schulter dem Passgeber zugewandt ist. Lass den Ball am rechten Fuß vorbeirollen und nimm ihn mit dem linken an. Wiederhole diese Übung dann mit dem rechten Fuß hinten. Lass den Ball am linken Fuß vorbeirollen und nimm ihn mit dem rechten an.

STRATEGIE

5

LEVEL ● ○ ○

Abseits vermeiden

» *Laufen*

Kaum eine Entscheidung des Schiedsrichters ist bei Spielern, Trainern und Fans so umstritten wie der Abseitspfiff. Die Abseitsregel verändert anscheinend eine Menge und löst oft Streit unter den Fans aus. Auch die Trainer streiten mit den Schiedsrichtern, obwohl das nutzlos ist, denn ein Abseits bleibt ein Abseits. Um ein Abseits zu verhindern, müssen sich zwei gegnerische Spieler – der Torhüter zählt mit – zwischen dir und dem gegnerischen Tor befinden, wenn der Ball nach vorne gespielt wird. Das wird etwas schwieriger, wenn die Spieler sich bewegen.

Wie vermeidest du ein Abseits? Achte darauf, wo die gegnerische Abwehrreihe steht, hebe das Kinn an,

Abseits vermeiden

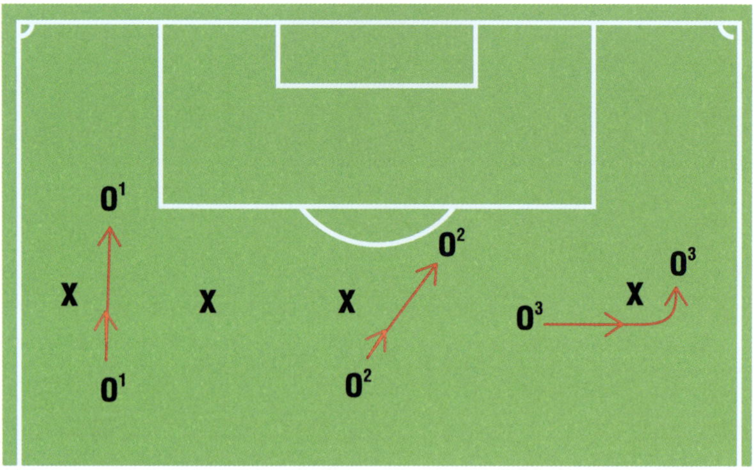

Spieler O¹ läuft geradeaus: ungünstig!
Spieler O² läuft diagonal: besser!
Spieler O³ schlägt einen Haken: am besten!

beobachte die Gegner und bewege dich dementsprechend. Wenn du Außenstürmer bist, kann es ein wenig einfacher sein. Wenn du den Körper zum Feld hin öffnest und deine Zehen und Hüften zur Mitte des Feldes zeigen, kannst du wahrscheinlich die Abwehrreihe überblicken und läufst nicht ins Abseits, wenn das Spiel sich entwickelt. In der Feldmitte ist es etwas schwieriger, weil du immer wieder den Kopf drehen musst, um die Position der Abwehr zu überprüfen. Wenn du immer auf deine Umgebung achtest, bist du ein besserer Spieler. Spiele also möglichst oft in der

Mitte! Doch selbst wenn du abseits bist, ist das nicht das Ende der Welt, sondern eine Chance, zu lernen. Solche Chancen sind unbezahlbar!

Noch etwas musst du beachten, um nicht ins Abseits zu rennen. Wenn du auf einer geraden Linie Richtung gegnerisches Tor läufst, gerätst du wahrscheinlich ins Abseits, falls der Pass, auf den du wartest, zu spät kommt. In diesem Fall läufst du so schnell wie möglich zurück und aus dem Abseits. Am besten ist es, wenn du vor der Verteidigung quer über das Feld läufst und kurz nach dem Spielen des Passes einen Haken schlägst, um ein Abseits zu vermeiden. Ebenso gut ist ein diagonaler Lauf am Verteidiger vorbei. Starte zwei oder drei Schritte vor dem Abseits und pass auf, dass du den Pass siehst, damit du in den offenen Raum durchbrechen kannst.

Was aber tust du, wenn du im Abseits ertappt wirst? Stelle dir die Abseitsfalle als Katz-und-Maus-Spiel vor. Manchmal sieht der Schiedsrichter ein Abseits, obwohl du richtig stehst, und ein andermal kommst du mit einem echten Abseits durch. Entscheidend ist, wie du darauf reagierst. Fußball ist ein Spiel, in dem alle Fehler machen. Wenn du abseits warst und trotzdem protestierst, entscheidet der Schiedsrichter beim nächsten Mal wahrscheinlich nicht im Zweifel für dich. Wenn du die Entscheidung akzeptierst, schaffst du den Durchbruch eher früher als später.

LEVEL

STRATEGIE

6

Das Spiel über die Flügel

» *Verteidigen* » *Passen* » *Laufen*

Das Flügelspiel im Mittelfeld ist eine der größten Herausforderungen. Diese Position schließt den Flügelstürmer ein, falls deine Mannschaft mit drei Offensivspielern aufläuft. Wenn du nicht clever spielst, geht dir bald die Puste aus!

Wenn dein Team verteidigt, wollen alle, dass du zurückläufst. Wenn ihr den Ball habt, rufen alle „Vorwärts!". Wenn du dauernd hin und her rennst, um allen zu helfen, musst du müde werden – und dann wird deine Technik schlampig und du triffst schlechte Entscheidungen. Was kannst du tun, um ein guter rechter oder linker Mittelfeldspieler zu werden und dein Team zu unterstützen?

Sprich vor einem Spiel oder Training mit deinem Trainer, damit du weißt, was er von dir erwartet. Wenn er will, dass du in den Angriff gehst, dann frag ihn, wie weit du dich zurückfallen lassen sollst, wenn deine Mannschaft verteidigt. Das hilft dir, eine gute Position zu finden für den Fall, dass dein Team den Ball erobert. Wenn der Trainer dir jedoch eine eher defensive Rolle zuteilt, fragst du ihn, wie weit du nach vorne gehen sollst, wenn dein Team angreift, und in welcher Position du Spielern helfen sollst, die in Ballbesitz sind. Die wichtigste Frage lautet: „Wo ist meine Startposition, wenn wir den Ball erobern?" Das hilft dir herauszufinden, wo du dich aufhalten und in welchem Bereich des Feldes du aktiv sein sollst. Mit diesen Informationen fällt es dir leichter, deine Mannschaft zu unterstützen.

Wenn du als Mittelfeldspieler außen spielst und den Ball bekommst, ist es auch sehr wichtig, dass du ihn zuerst in einen sicheren Raum spielst und dort sicherst. Denke daran, den Körper zu öffnen, damit du von außen das ganze Feld überblickst, sobald du den Ball annimmst. Wenn du den Körper öffnest, hast du einen besseren Blick auf das Feld und kannst klügere Entscheidungen treffen. Falls du einen Pass spielst, musst du in eine Position kommen, von der aus du den Passempfänger unterstützen oder losrennen kannst, um Raum zu schaffen. Wenn du öfter spielst, fällt dir das bald leichter. In dieser Situation gibt es weder richtig noch falsch. Du triffst einfach eine Entscheidung auf der Grundlage dessen, was du siehst. Hab keine Angst davor – genau das erwartet der Trainer von dir!

Wenn dein Team nicht in Ballbesitz ist und verteidigt, fragst du dich: „Bin ich am richtigen Platz, um meinen Kameraden zu helfen?“ Lautet die Antwort „ja“, ist alles in Ordnung, lautet sie „nein“, läufst du so schnell wie möglich an den richtigen Platz. Wenn du verteidigst, lässt du dich einfach zurückfallen, näher ans Tor. Wenn du aber zu nahe beim Außenverteidiger stehst, hilfst du dem Gegner, weil du einen Raum öffnest, in den er eindringen kann. Außerdem bist du in diesem Fall nicht schnell genug vorne dabei, wenn deine Mannschaft wieder angreift. Es kann schwierig sein, außen zu spielen, aber wenn du mehr Erfahrung hast, wird es leichter. Rede oft mit deinem Trainer. Um erfolgreich zu sein, braucht eine Mannschaft Spieler, die auch außen spielen können.

STRATEGIE

7

LEVEL

Hinter den Ball kommen

» *Verteidigen*

Wann immer deine Mannschaft den Ball verliert, musst du zuallererst der Verteidigung helfen. Wenn dein Team ein halbes Spiel lang in Ballbesitz ist und du nicht beim Verteidigen hilfst, dann spielst du eigentlich nur das halbe Spiel mit. Angenommen, du beantwortest bei einer Klassenarbeit nur die Hälfte der Fragen. Dann bekommst du selbst dann eine 5, wenn alle Antworten richtig sind. Auch deine Mannschaft kann eine schlechte Note nicht gebrauchen!

Wenn dein Team den Ball verliert, fragst du dich sofort: „Bin ich am richtigen Platz, um beim Verteidigen zu helfen?" Wenn nicht, läufst du so schnell wie möglich an die richtige Stelle. Die Grundregel lautet: Sobald deine

Mannschaft den Ball verliert, versuchst du, hinter den Ball zu kommen. Dann bist du deinem Tor näher als der Ball. Wenn du zwischen den Ball und dein Tor kommen kannst, bist du in einer guten Position, weil der Ball an dir vorbei muss, damit der Gegner ein Tor schießen kann. Das klingt vielleicht banal, doch viele Spieler achten nicht auf das Spiel, sondern stehen herum und schauen zu, wie der Gegner angreift. Dein Trainer weiß es zu schätzen, wenn du versuchst, hinter den Ball zu kommen, denn damit zeigst du, dass du ein Teamspieler bist. Selbst wenn du weiter vorne spielst, solltest du zurücklaufen und dem Mittelfeld helfen. Die besten Spieler der Welt, zum Beispiel die Superstars in diesem Buch, arbeiten hart für ihre Mannschaft.

Schauen wir uns einmal an, wie du hinter den Ball kommst und deinem Team hilfst. Sobald dein Team den Ball verliert, läufst du zurück in eine defensive Position. Stelle dir eine Linie vor, die zwischen deiner Position und der Mitte deines Tores verläuft. Das ist deine Rückzugslinie und der schnellste Weg zu einem Ort hinter dem Ball. Manchmal genügt es schon, auf dein Tor zuzulaufen, um die Pläne des Gegners zu vereiteln. Wenn du außen bist, versuchst du, so schnell wie möglich „in den Ball" zu kommen. Das bedeutet, dass du der Feldmitte näher bist als der Ball. Wenn du eine Position im Zentrum einnimmst, hilfst du deinem Team, den Ball auf der rechten oder linken Seite des Feldes zu halten, was die Verteidigung erleichtert.

Sobald du dich dem Ball näherst, muss du entscheiden, ob du ihn erobern oder einen Gegner decken und dem ersten Verteidiger helfen willst. Wenn kein Mitspieler in der Nähe des Ballführers ist, musst du diesen angreifen. Versuche aber nicht, ihn von hinten zu attackieren – das wäre ein Foul. Komme hinter den Ball und setze den Angreifer unter Druck. Wenn einer deiner Kameraden verteidigt, läufst du zu ihm und unterstützt ihn bei der Rückeroberung des Balles.

Noch einmal: Laufe so schnell du kannst zu der gedachten Linie. Versuche in den Ball zu kommen und hilf die Mitte des Feldes zu besetzen. Greife den Ballbesitzer an, wenn sonst niemand da ist, und biete deine Hilfe an, wenn ein Kamerad den Ball verteidigt.

GEHEIMNIS 6

BLEIB IN FORM

Dein Trainer ist kein Fitnesstrainer. Du bist also für deine Fitness selbst verantwortlich und darfst dich nicht gehen lassen. Sei der fitteste Spieler des Teams!

SUPERSTAR

MIA HAMM

GEBOREN: 17. März 1972 **POSITION:** Stürmerin

TEAM: Frauennationalmannschaft der USA

FRAUENFUSSBALL IST AUF DER GANZEN WELT POPULÄR, vor allem in den USA. Eine der einflussreichsten Spielerinnen in der Geschichte dieses Sports ist Mia Hamm. Sie ist 1,65 Meter groß, aber wenn sie Fußball spielte, war sie die Größte auf dem Feld.

Mia war ein Raubtier und die gefährlichste Stürmerin. Es war fantastisch, wie sie Räume für sich öffnete, und oft erzielten ihre Kameradinnen Tore, weil Mia Räume auch für sie öffnete.

Mia spielte 275 Mal für die Nationalmannschaft der USA und schoss 158 Tore. Das ist eine großartige Trefferquote. Außerdem war sie 1991 und 1999 ein wichtiges Mitglied der amerikanischen WM-Teams. Neben ihren beiden WM-Titeln gewann sie 1996 und 2004 zwei olympische Goldmedaillen. Kurz nach den Olympischen Spielen 2004 zog sie sich vom Fußball zurück. Während ihrer Karriere an der Universität von North Carolina verlor ihr Team, wenn sie mitspielte, nur ein einziges Spiel. Große Spielerinnen machen gute Mannschaften großartig und Mia machte jedes Team großartig, in dem sie spielte.

Mias Beitrag als Spielerin für den Fußball ist enorm, doch ihre Arbeit jenseits des Spielfeldes ist ebenso wichtig. Sie wurde das Gesicht des Frauenfußballs und ein Vorbild für junge Spielerinnen. Als sie zu spielen begann, interessierte sich kaum jemand für den Frauenfußball; als sie 2004 zurücktrat, war der Frauenfußball eine wichtige Sportart, die überall auf der Welt von Millionen Zuschauern verfolgt wurde. Dazu hat Mia viel beigetragen und sie wurde einer der ersten Superstars des Frauenfußballs.

LEVEL

STRATEGIE

8

Einen Einwurf ausführen

» *Passen*

Bei jedem Spiel gibt es etwa 45 Einwürfe. Wenn deine Mannschaft die Hälfte davon zugesprochen bekommt, hat sie 20 bis 23 Chancen, den Ball zu behalten, wenn der Gegner den Ball ins Aus gespielt hat. Einwürfe sind also ein sehr wichtiger Teil des Fußballspiels. Wenn deine Mannschaft lernt, den Ball nach einem Einwurf zu sichern, bleibt sie öfter und länger in Ballbesitz. Mehr Ballbesitz bedeutet zwar nicht unbedingt, dass ihr gewinnt, aber wenn der Gegner weniger Gelegenheit hat, Torchancen herauszuspielen, seid ihr schwerer zu schlagen!

Wie kannst du deine Mannschaft unterstützen, wenn du einwirfst? Bleib ruhig, damit du keinen Fehler machst, und achte auf folgende Punkte:

- Wende dich dem Spielfeld zu.
- Stelle einen Teil beider Füße auf die Seitenlinie oder hinter die Seitenlinie.
- Wirf mit beiden Händen.
- Wirf den Ball von hinten über den Kopf.

Wenn du den Ball einem Kameraden zuwirfst, sollte er ihn sofort unter Kontrolle haben oder, besser noch, sofort weiterspielen, zum Beispiel zu dir. Betrachte dieses Zuspiel als Pass mit den Händen. Der beste Pass landet vor den Füßen eines Spielers oder auf seinem Kopf, sodass er ihn einem Mitspieler zuspielen kann. Es bringt nichts, wenn du den Ball einem Spieler ins Gesicht, an die Schulter, auf die Brust oder an die Hüfte wirfst – dann kann es sein, dass er ihn verliert. Eröffne deinem Mitspieler wie beim Pass die optimale Erfolgschance. Nach dem Einwurf läufst du in eine Position, von der aus du deinen Kameraden unterstützen kannst.

LEVEL

STRATEGIE

9

Einen Einwurf annehmen

» *Verteidigen* » *Passspiel*

Um in Ballbesitz zu bleiben, nachdem du einen Einwurf annimmst, ist deine erste Ballberührung wichtig. Sie muss sicher und kontrolliert sein. Übe diese Ballannahme also so oft wie möglich.

Außerdem musst du gut überlegen, wohin du läufst, wenn du einen Einwurf annehmen willst. Wenn du zu früh losrennst, werden Gegenspieler auf dich aufmerksam und versammeln sich um dich herum. Dann hat es der Spieler, der einwirft, schwerer. In diesem Fall nähern sich alle dem Ball und du bekommst ihn wahrscheinlich nicht. Wenn du zu spät am richtigen Platz bist, verlierst du den Ball ebenfalls. Es dauert einige Zeit, um das zu lernen;

sei also geduldig mit dir. Schließlich musst du noch entscheiden, mit welchem Körperteil du den Ball annimmst. Wenn du ihn gleich weiterspielen willst, musst du ihn in den Fuß oder auf den Kopf bekommen. Wichtig ist, dass deine Mannschaft in Ballbesitz bleibt; beschränke dich also auf einfache Aktionen.

GEHEIMNIS 7

TRAGE ZWECKMÄSSIGE SCHUHE UND KLEIDUNG

Sorge dafür, dass deine Schuhe für das Spiel geeignet sind. Wenn du wegen deiner Kleidung nicht richtig laufen kannst, bist du deiner Mannschaft keine Hilfe.

LEVEL

STRATEGIE

10

Gängige Spielmuster

» *Verteidigen* » *Passspiel*

Du weißt jetzt, wie du typische Muster in einem Fußballspiel erkennst und wie dir diese Fähigkeit hilft, besser zu werden. Es gibt eine Reihe von Hinweisen, die dir sagen, was wahrscheinlich geschehen wird und wie du darauf reagieren kannst. Es gibt bestimmte Muster, wenn deine Mannschaft verteidigt. Du versuchst nun, den Gegner daran zu hindern, Torchancen zu kreieren.

Wenn die *Innenverteidiger nach einem Abstoß Raum zwischen sich lassen*, kann das für den zentralen Mittelfeldspieler das Zeichen sein, sich den Ball zu holen und von hinten aufzubauen. Wenn du das siehst, läufst du so nah an diesen Spieler heran, dass er den Ball nicht bekommt.

Dadurch zwingst du den Ballführenden, den Ball nach außen zu einem Verteidiger zu spielen, der nicht so gut mit dem Ball umgehen kann.

Wenn deine Mannschaft *einen Eckball erwartet* und zwei gegnerische Spieler zur Eckfahne traben, planen sie meist einen kurzen Eckball. Um das zu verhindern, läufst du mit einem anderen Verteidiger auf die Eckfahne zu, damit zwei gegen zwei spielen. Dann muss der Gegner seinen Plan ändern.

Wenn der Gegner *die Bälle gerne innerhalb seiner Abwehrkette hin und her spielt und langsam aufbaut,* nimmst du eine Position ein, in der du einen Pass zwischen den Innenverteidigern abfangen kannst. Dadurch hilfst du deinen Kameraden, weil du die Gegner in einer Hälfte des Feldes hältst und ihnen Raum nimmst.

Wenn du *gegen einen Einwurf verteidigst* und der Spieler, den du deckst, zum Einwerfenden läuft, folgst du ihm nicht bis dorthin, sonst öffnest du hinter dir einen Raum, in den der Ball geworfen werden kann. Achte immer darauf, welchen Raum du verlässt.

Wenn du *in der Abwehrreihe spielst,* konzentrierst du dich auf die Hüften des Ballführers. Wenn er sie öffnet, spielt er vielleicht einen langen Ball. Dann läufst du nach hinten, damit du als Erster an den Ball kommen kannst.

Auch *wenn dein Team in Ballbesitz ist*, gibt es Dinge, auf die du achten solltest. Wenn du im Mittefeld spielst, schaust du nach Stürmern, die sich zum Ball hin bewegen und ein Anspiel erwarten. In diesem Fall läufst du in den Raum, den sie eben verlassen haben. Dort wirst du nicht gedeckt und kannst dich wahrscheinlich an einem Angriff beteiligen.

Wenn du *einen Freistoß ausführst* und ein Tor schießen willst, beobachtest du die Beine des Torhüters. Hat er sein Gewicht auf ein Bein verlagert? Wenn ja, fällt es ihm schwer, sich in diese Richtung zu bewegen. Das ist deine Chance auf ein Tor! Das Gleiche gilt, wenn du einen Elfer schießt.

Renne nicht zum Ball, wenn deine Mannschaft in Ballbesitz ist und im Strafraum angreift. Suche dir lieber einen Platz am langen Pfosten knapp außerhalb des Torraums. Alle Verteidiger werden zum Ball eilen und du hast Platz, falls du ihn bekommst.

Du kannst lernen, Muster zu erkennen, indem du dir Spiele anschaust und selbst spielst. Das macht dich zu einem viel besseren Spieler. Sei geduldig und vertraue auf deinen Instinkt.

STRATEGIE

11

LEVEL ● ● ○

Den Ball behalten oder abspielen?

» *Passen* » *Laufen* » *Dribbeln*

Wenn du den Ball bekommst, hast du zwei Möglichkeiten. Du kannst ihn behalten und mit ihm loslaufen oder dribbeln oder du kannst ihn einem Kameraden in den Fuß spielen oder in einen freien Raum spielen, in den er laufen kann. Halte Ausschau nach Hinweisen und Zeichen, damit du die beste Wahl triffst.

Wenn du den Ball annimmst und ein Verteidiger in deiner Nähe ist, schaust du an ihm vorbei und versuchst Raum zu finden, in den du vordringen kannst. Wenn möglich dribbelst du auf ihn zu und dann in den Raum hinter ihm hinein. Achte darauf, dass der Ball eng an deinem Fuß bleibt, um den Verteidiger anzu locken. Dann spielst du ihn blitzschnell aus und dringst in den offenen Raum vor.

Wenn du den Ball annimmst und ein Verteidiger 5 bis 10 Meter von dir entfernt ist, läufst du auf ihn zu und lockst ihn zum Ball. So schaffst du Raum für deine Kameraden und hast Platz zum Passen. Wenn du den Ball bekommst und vor dir ein wenig offener Raum ist, läufst du am besten mit dem Ball in diesen Raum und greifst die Abwehrreihe des Gegners an. Dadurch bringst du die gegnerische Mannschaft in Schwierigkeiten und irgendwann muss einer dich attackieren. Wenn du schneller läufst als er und du den Ball unter Kontrolle hast, kommst du leicht an ihm vorbei und ziehst weitere Gegner in Richtung Ball. Dann haben deine Kameraden mehr Platz.

Wenn du den Ball annimmst und deine Mitspieler weit weg sind, ist es schwer, den Ball zu behalten. Versuche ihn zu sichern, bis du Unterstützung bekommst.

Wenn du den Ball weiterspielst, musst du wissen, warum. Du willst den Ball bewegen – aber das geht auch, wenn du dribbelst und mit ihm läufst. Mit einem Pass bewegst du den Ball allerdings am schnellsten.

Der Passempfänger sollte sich in einer besseren Position befinden als du. Wenn er gut gedeckt wird, besteht die Gefahr, dass er den Ball verliert.

Am besten schlägst du einen Pass, wenn du einen Spieler siehst, der nicht gedeckt wird und sich vor dir befindet oder

ZWEI WORTE, DIE DU OFT ZUSAMMEN HÖRST, sind „Messi" und „Tor". Es scheint, als tue Messi nichts anderes, als Tore für Barcelona und Argentinien zu schießen. Aber es gibt viel mehr über ihn zu sagen.

Als er sehr jung war, wurde bei ihm eine Krankheit festgestellt, die das normale Wachstum behinderte. Er musste medizinisch behandelt werden, damit er wuchs.

Er war erst 11 Jahre alt, als er in Begleitung seines Vaters Argentinien verließ, um an der Fußballschule in Barcelona zu lernen. Während er diese Schule besuchte, gewann er jede wichtige Klubmedaille und war an Barcelonas Vorherrschaft in Spanien und Europa entscheidend beteiligt. Außerdem spielte er mehr als 100 Mal für sein Land und wird als Stürmer heute noch weltweit gefürchtet.

Messi hat viele große Talente. Er ist ein toller Torschütze und viele Gegner und Trainer sagen, er sei an einem guten Tag nicht zu stoppen. Sein niedriger Schwerpunkt gestattet es ihm, sich schnell zu drehen. Dadurch kann er im Torraum Torchancen herausspielen und sich weiter von Verteidigern wegdrehen. Wenn er aus dem Spiel heraus einen Ball bekommt, sind sein Tempo und seine Beinarbeit herausragend. Deshalb ist er ein so überragender Spieler. Er ist sehr stark am Ball und für Verteidiger ist es fast unmöglich, ihn wegzustoßen. Dank seiner Beschleunigung lässt er die Verteidiger stehen und schafft so in anderen Bereichen des Feldes Freiräume für seine Mitspieler. Auf diese Weise trägt er auch zu Toren bei.

Lionel Messi ist ein großartiger Mannschaftsspieler. Er strengt sich auch an, wenn er nicht in Ballbesitz ist, damit sein Team den Ball zurückerobert. Seine Arbeitsmoral und seine fantastische Technik machen ihn zu einem der größten Fußballspieler aller Zeiten.

LEVEL ● ● ○

STRATEGIE

12

Am Gegner vorbeikommen

» *Passen*

Wie beförderst du den Ball in Richtung Tor und eröffnest deiner Mannschaft eine Torchance? Du kannst um einen Gegner herumdribbeln oder den Ball über ihn hinweg oder durch eine Abwehrlücke schießen. Der Trick besteht darin, nicht nur den einfachsten und schnellsten Weg zum Tor zu wählen, sondern auch einen Plan B zu haben, falls du einen brauchst.

Die erste Wahl sind ein Steilpass aus dem Mittelfeld, ein langer Ball eines Verteidigers oder ein langer Ball des Torhüters (Abstoß oder aus der Hand), jeweils *über* den Gegner hinweg. In diesem Fall gibt es weniger Ballberührungen – aber du darfst den Ball nicht einfach nach vorne

Durch, darüber oder darum herum

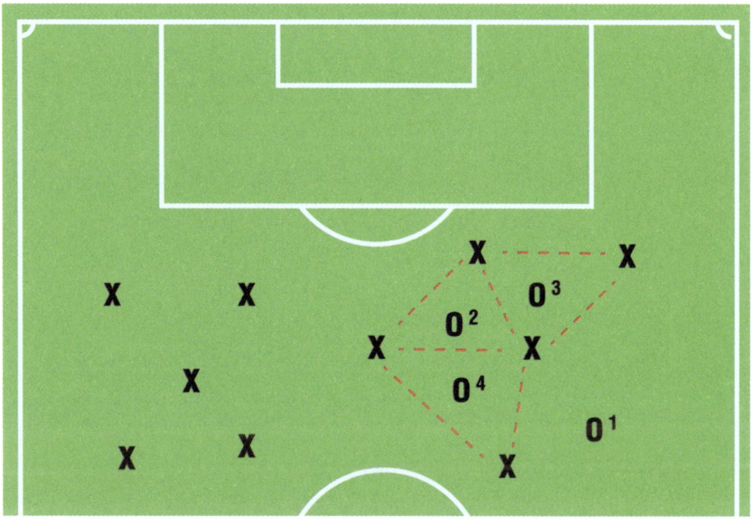

Hier steht die verteidigende Mannschaft tief und übers Feld verteilt in einem Block. In diesem Fall müssen wir ihre Linien durchbrechen und in den Dreiecken spielen. O1 kann zu O2, O3 oder O4 passen.

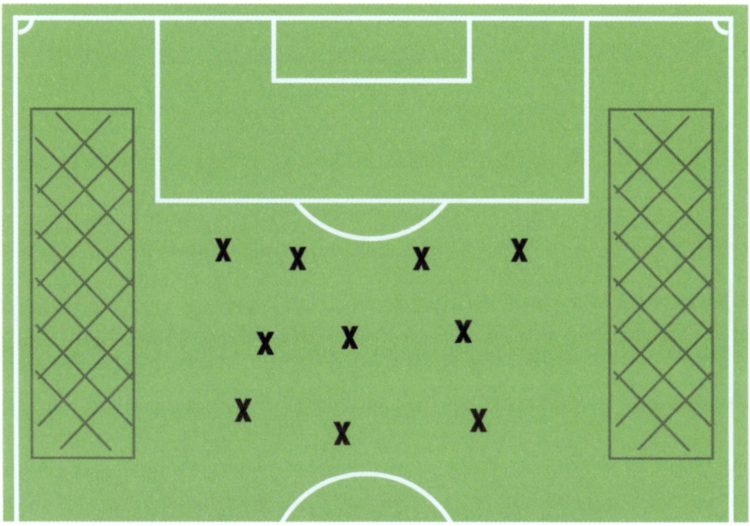

Hier verteidigt der Gegner tief und eng. Am besten wählst du einen Umweg über die schraffierten Räume.

dreschen und hoffen, dass alles klappt. Das ist kein Fußball! Schlage präzise Pässe über die Gegner in einen offenen Raum, den deine Kameraden erreichen können. Du brauchst Raum, in den du den Ball spielen kannst. Wenn die gegnerische Abwehr weit vorne in der Nähe der Mittellinie oder hinter dem Anstoßkreis steht, habt ihr genug Platz zum Angreifen. Wenn die anderen weit in ihrer Hälfte spielen und ihre Abwehr im Strafraum steht, hast du zu wenig Platz für einen Ball über ihre Köpfe hinweg. Dann musst du einen anderen Weg finden.

Wenn das verteidigende Team tief und seine Abwehr *ungefähr* an der Strafraumgrenze steht, prüfst du, wie die Gegner über das Feld verteilt sind. Dann kannst du leichter entscheiden, wie du angreifst. Wenn die weit verteilten Gegner sich innerhalb des 16-Meter-Raumes befinden, kannst du sie von außen attackieren. Bringe den Ball so schnell wie möglich auf eine Außenbahn und versuche, zur Torlinie zu kommen und zu flanken. Schnelle, genaue Pässe in die Füße der Außen sind gut, aber ein Pass in den Raum knapp vor ihnen ist besser, weil sie dann hineinlaufen und flanken können. Du kannst auch um den Gegner herumlaufen, wenn hinter den Spielern etwas Raum ist. Ändere immer wieder deine Taktik, damit dein Spiel unvorhersehbar ist.

Wenn das andere Team tief verteidigt und gleichmäßig über das Feld verteilt ist, läufst du zwischen den Gegnern

Durch, darüber oder darum herum

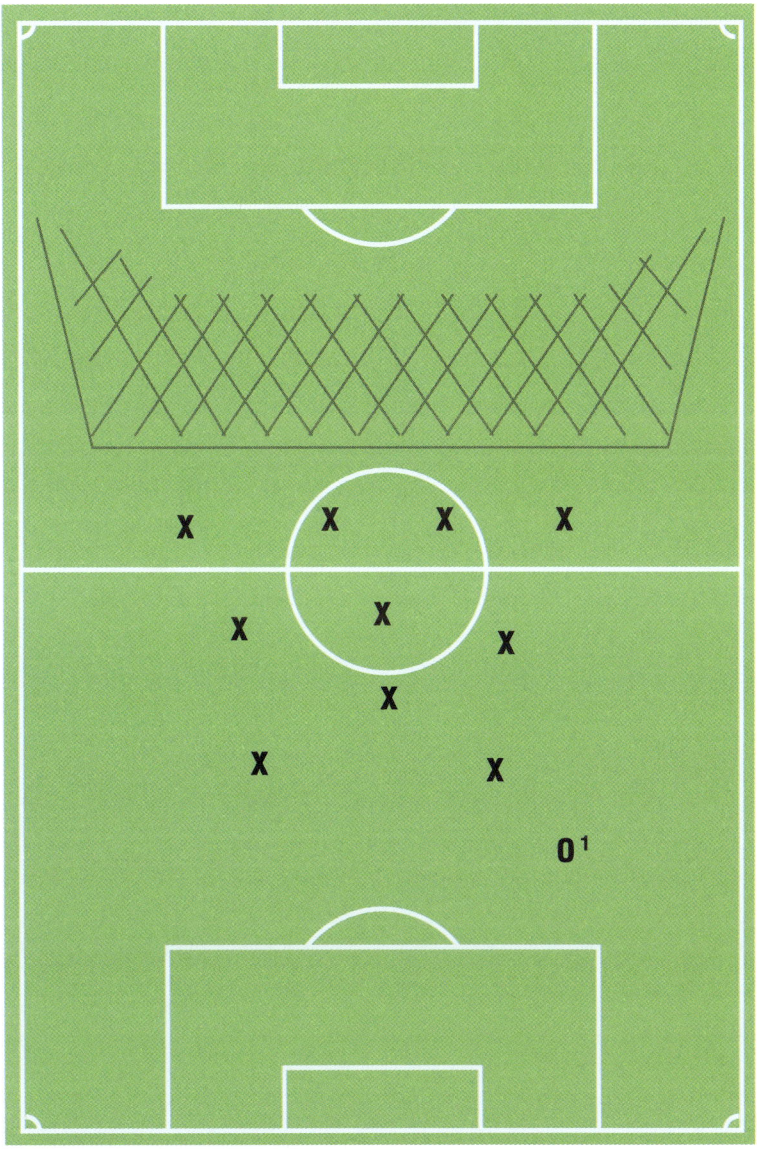

Hier steht das verteidigende Team weit vorne. Darum kann O1 den Ball über die Gegner in den schattierten Bereich spielen.

durch. Durch die gegnerischen Reihen durchzuspielen ist schwer, weil Fehler nicht erlaubt sind. Deine Pässe müssen präzise und schnell sein, damit der Passempfänger den Ball sicher annehmen kann. Nach einem „weichen" Pass schließt der Gegner rasch die Räume und ihr verliert wahrscheinlich den Ball. Passe genau, laufe los, öffne Raum, schau dich um, bewege dich in den Dreiecken, die die anderen bilden, und öffne den Körper, um den Ball anzunehmen. Alle diese Techniken werden in diesem Buch behandelt.

Wenn du lernst, wann du den Ball über die gegnerischen Spieler schlägst, wann du um sie herum dribbelst und wann du durch Lücken brichst, wirst du ein schlauerer Spieler. Natürlich haust du voll drauf, wenn dir der Ball in Tornähe und in einer günstigen Position vor die Füße fällt. Du bereust jeden Schuss, den du versäumst!

GEHEIMNIS 8

VORBEREITUNG AUFS TRAINING

Lege deine ganze Ausrüstung vor dem Training zurecht, damit du nichts vergisst. Denke über das letzte Training nach. Wie kannst du dich auf das heutige Training vorbereiten?

STRATEGIE

13

LEVEL ●●○

Zweikämpfe ohne Ballberührung gewinnen

» *Passen* » *Laufen* » *Dribbeln*

Diese Technik ermöglicht es dir, einen Gegner durch deine Bewegungen auszuspielen – ohne Ballkontakt. Bei dieser Übung gehst du nicht zurück, sondern auf den Ball zu. Wenn der Pass gespielt wird, machst du mit dem rechten Fuß einen Schritt hin zum Ball. Deine Schulter ist dem Passgeber zugewandt. Wenn der Ball auf dich zurollt, verlagerst du dein Gewicht auf den rechten Fuß. Wenn der Ball am rechten Fuß vorbeirollt, drückst du dich ab und lässt ihn zum linken Fuß rollen. Wiederhole dann die Übung mit der anderen Körperseite. Mache mit dem linken Fuß einen Schritt hin zum Ball, wende die

Schulter dem Passgeber zu und verlagere dein Gewicht auf den linken Fuß. Wenn der Ball am linken Fuß vorbeirollt, bewegst du dich und lässt den Ball zum rechten Fuß rollen.

Bewege dich bei dieser Übung langsam, damit du das Timing und das Bewegungsmuster lernst. Nach und nach erhöhst du das Tempo. Hab Geduld mit dir. Dies ist eine sehr wichtige Technik, die dir hilft, einen Gegner ohne Ballkontakt auszuspielen.

GEHEIMNIS 9

TRINKE NACH DEM TRAINING

Trinke, sobald das Spiel beendet ist. Am besten sind Sportdrinks, die Elektrolyte und Kohlenhydrate ersetzen, die du während des Spiels verbraucht hast.

STRATEGIE

14

LEVEL

Der richtige Pass

» *Passspiel*

Ballbesitz ist wichtig, aber allein damit gewinnt ihr kein Spiel. Ihr müsst Tore schießen, um zu gewinnen. Natürlich kann der Gegner kein Tor erzielen, solange ihr in Ballbesitz seid!

Wenn du den Ball am Fuß hast, musst du mehrere Dinge beachten. Außerdem gibt es verschiedene Arten von Pässen. Und schließlich musst du noch wissen, wann, wo und warum du mit einem Pass ein Risiko eingehst.

Schauen wir uns zwei Arten von Pässen einmal genauer an: Ein *Pass in die Spitze* dient dem Raumgewinn und geht in Richtung gegnerisches Tor. Einen Pass zur *Ballsicherung* schlägst du entweder quer übers Feld oder zu einem Spieler, der hinter dem Ball steht. Dieser Pass ist zweckmäßig, wenn ihr noch nicht vorstoßen könnt, aber in Ballbesitz bleiben müsst, um einen Angriff fortzusetzen.

Vor einem Pass in die Spitze solltest du mehrere Punkte berücksichtigen:

- **Wie weit ist dein Teamkamerad entfernt?** Kannst du ihn mit einem Pass erreichen? Wenn du den Ball nicht mit einem kraftvollen Pass zu deinem Kameraden spielen kannst, besteht die Gefahr, dass er schon eng gedeckt wird und unter Druck steht, wenn der Ball ankommt. Du musst also wissen, welche Reichweite deine Innenrist-Pässe, deine mittellangen Pässe und deine langen Pässe haben. Diese Techniken haben wir oben besprochen.

- **Steht der Passempfänger günstiger als du?** Wenn dein Teamkamerad eng gedeckt wird oder vom Rest der Mannschaft isoliert ist, schlägst du den Pass besser nicht zu ihm. Passe nur zu einem Spieler, der sich in einer besseren Position befindet als du. Wenn der Pass deinem Team nichts nützt, war es wahrscheinlich ein falscher Pass.

Wenn du einen Pass nicht nach vorne schlagen kannst, ist es Zeit für einen Pass zur Ballsicherung, damit deine

Mannschaft den Ball behält und sich neue Torchancen erarbeiten kann. Auch hier sind einige Punkte zu bedenken:

- **Bist du nah genug, um deinem Kameraden den Ball zuzuspielen?** Wenn ja, ist dieser Pass eine gute Wahl, weil dein Team wahrscheinlich in Ballbesitz bleibt.

- **Welche Möglichkeiten hat dein Kamerad, wenn er den Ball annimmt?** Wenn er sich in einer zentralen Position befindet, kann er mit dem Ball wahrscheinlich nach links oder rechts laufen. Das ist viel besser als ein Pass zu einem Spieler, der näher an der Seitenlinie steht, weil dieser nur nach innen laufen kann.

Egal, ob du einen Pass in die Spitze oder einen Pass zur Ballsicherung schlägst, denke an den Passempfänger und unterstütze ihn, so gut du kannst. Der Pass muss genau sein und der Ball darf nur so schnell sein, dass dein Teamkamerad ihn, wenn nötig, kontrollieren oder, wenn möglich, sofort weiterleiten kann. Wenn der Schuss zu stramm oder zu schwach ist, bringt er deinen Mitspieler in Schwierigkeiten.

Scheue dich nicht, mit einem Pass ein Risiko einzugehen. Achte aber darauf, wo auf dem Feld du dich befindest. Mit einem Pass in deinem eigenen Drittel solltest du in der Regel kein Risiko eingehen, weil du den Ball in diesem Bereich nicht verlieren möchtest. Weiter vorne darfst du mehr riskieren. In der Nähe des gegnerischen Tores musst du auch mal riskante Pässe und Schüsse wagen, um Torchancen zu kreieren.

GEHEIMNIS 10

ISS DICH FIT

Kohlenhydrate sind Brennstoff für den Körper. Wenn du eine Stunde vor dem Spiel oder dem Training eine Banane isst, füllst du deine Energiereserven auf.

STRATEGIE

15

LEVEL ●●○

Hilf dem ballführenden Spieler

» *Passspiel*

Wenn deine Mannschaft den Ball hat, kannst du nichts Wichtigeres tun, als den Ballführenden zu unterstützen. Dein Trainer nennt ihn vielleicht „erster Angreifer", den Spieler, der ihm am nächsten ist, „zweiter Angreifer" und jeden anderen „dritter Angreifer". Welches sind nun die besten Positionen, die du einnehmen kannst, damit du nach einem Zuspiel den Ball behalten und den nächsten Pass spielen kannst?

In der optimalen unterstützenden Position bist du dem Ballführerenden zugewandt, sodass er jemanden anspielen kann, den er gut sieht. Vielleicht musst du dich ein wenig anstrengen, um in diese Position zu gelangen, aber es ist

Dem Ballführer helfen

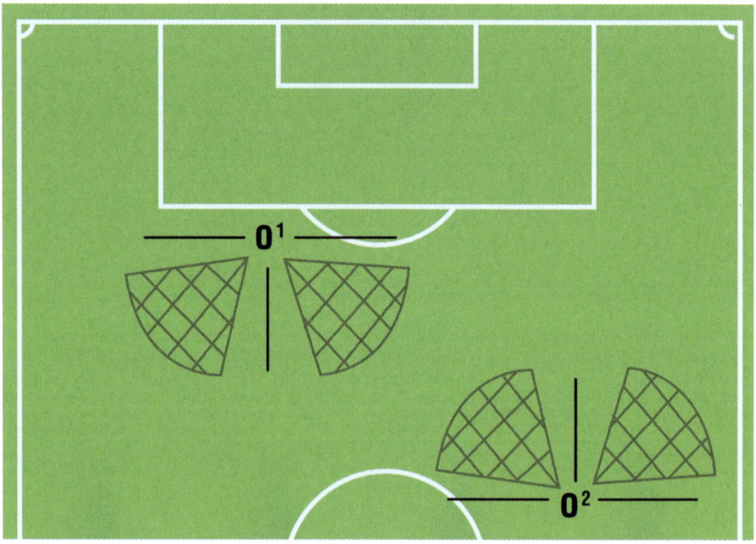

Für O1 sind die schraffierten Bereiche günstige unterstützende Positionen, weil er mit dem Rücken zum Tor steht. Für O2 sind die schraffierten Bereiche günstige unterstützende Positionen, weil er dem Tor zugewandt ist. Nimm keine horizontale oder vertikale Position zum Ball ein!

deine Aufgabe, dem Ballführerenden zu helfen. Wenn du nach einem Pass rufst und der Ballführerende kann dich nicht sehen, muss er raten, wo du bist, und wenn er falsch rät, muss deine Mannschaft den Ball zurückerobern!

Überlege, wo du stehen willst, wenn du den Ball forderst. Suche immer nach einer unterstützenden Position, die neben einer geraden Linie liegt, damit du den Ballführer von einem Winkel aus unterstützen kannst. Wenn deine unterstützende Position auf einer Geraden direkt hinter dem Ballführer liegt, brauchen die Gegner nicht übers Feld zu laufen, um euch zu bedrängen – aber ihr wollt doch, dass sie möglichst viel laufen müssen! Wenn du auf einer Geraden quer übers Feld Unterstützung anbietest, wird der Pass riskant und wenn der Gegner ihn abfängt, befinden sich dein Teamkamerad und du außerhalb der defensiven Position und auf der falschen Seite des Balles, weil ihr jetzt verteidigen müsst. Wenn du vor dem Ball auf einer Geraden Hilfe anbietest, kann das für dich zum Problem werden, wenn du den Pass bekommst. Wenn ein Spieler von weit vorne zu dir passt, ist es für einen Verteidiger einfach, in eine gute Position zu laufen und eng zu decken, weil er dich und den Ball, der zu dir kommt, sehen kann.

Wenn du seitlich vom Ballführer stehst und einen Pass annimmst, richtest du dich auf, um leichter einen Raum zu finden, in dem du einen Verteidiger, der sich nähert, ausspielen kannst. Je mehr du trainierst und spielst, desto klarer wird dir, dass eine unterstützende Position in einem Winkel für dich die beste Wahl ist.

Wichtig ist auch die Entfernung zwischen dir und dem Spieler, den du unterstützen willst. Wenn du zu weit weg bist, wird der Pass womöglich abgefangen, bevor du ihn annehmen kannst. Wenn du dich dem Ballführer zu weit näherst, bringst du vielleicht einen weiteren Verteidiger mit. Dadurch wird die Situation für den Ballführer schwieriger. Andererseits öffnest du anderswo einen Raum, wenn du einen Gegner näher zum Ball lockst. Es gibt keine richtige oder falsche Entfernung. Du lernst durch Versuch und Irrtum und je öfter du etwas Neues ausprobierst, desto schneller lernst du.

Schließlich musst du noch überlegen, ob du in die beste Position laufen kannst. Wenn du zu weit weg bist, versuchst du, den nächsten Pass vorherzusehen und dorthin zu laufen, wo du den Ballführer unterstützen kannst. Versuche immer, einen Pass vorauszudenken!

GEHEIMNIS 11

SEI EIN TEAMPLAYER

Bring zum Beispiel eine zusätzliche Flasche Wasser mit zum Spiel und zum Training. Meist vergisst jemand sein Getränk; aber wer nicht ausreichend trinkt, nützt seiner Mannschaft wenig.

STRATEGIE

16

LEVEL

Beim Verteidigen helfen

» *Verteidigen*

Beteilige dich immer daran, in Ballbesitz zu kommen, egal in welcher Position du spielst. Wenn du dem Ball nicht am nächsten bist, hilfst du deiner Mannschaft trotzdem beim Verteidigen. Der Verteidiger, der dem Ball am nächsten ist, heißt „erster Verteidiger“. Er hat die Aufgabe, den Ballführer unter Druck zu setzen und den Angriff zu verzögern. Wenn du in der Nähe des ersten Verteidigers stehst, bist du der zweite oder absichernde Verteidiger. Dann besteht deine Aufgabe darin, dorthin zu laufen, wo du den ersten Verteidiger absichern und unterstützen kannst. Mit der Zeit entwickelst du dich weiter und lernst, mit dem ersten Verteidiger zu kommunizieren, um deinem Team bei der Eroberung des Balles zu helfen.

Dein Stellungspiel ist sehr wichtig, wenn du deinen Kameraden beim Verteidigen hilfst. Suche dir eine Position, in der du dem Ball weder zu nahe noch zu fern bist. Wenn du zu nahe am Ball bist, öffnest du irgendwo einen Raum, und wenn du gegen eine gute Mannschaft spielst, sieht der Ballführer das und passt zu einem freien Spieler oder in den freien Raum. Außerdem verwirrst du den ersten Verteidiger und jede schlechte Abstimmung zwischen ihm und dir ist eine Chance für den Gegner. Wenn du zu weit weg bist, kannst du dem ersten Verteidiger nicht helfen; er bleibt isoliert und verliert womöglich einen Zweikampf.

Wo ist die richtige Position? Es ist schwierig, sie in einem Diagramm zu zeigen, weil der Ball und die Spieler sich ständig bewegen. Aber wenn du weißt, welche Aufgabe in der Mannschaft du hast, findest du als unterstützender Verteidiger mit der Zeit die beste Position von selbst.

Rücke hinter den ersten Verteidiger und nimm eine Position ein, in der du den Ballführer und deinen Partner in der Verteidigung sehen kannst. Auch den Raum, in den die Angreifer vorstoßen wollen, solltest du sehen. Nähere dich dann deinem Partner so weit, dass du den Ball erobern kannst, wenn dein Partner es nicht schafft. Du musst aber auch so weit weg von ihm sein, dass du jeden Pass abfangen oder wenigstens den Passempfänger bedrängen kannst. Dann wirst du zum ersten Verteidiger und dessen Aufgabe kennst du schon.

Das mag sich ziemlich kompliziert anhören, aber je öfter du spielst, desto besser wirst du. Sei geduldig und setze dir vernünftige Ziele. Du hast viel Zeit, um Fußballspielen zu lernen und dein Trainer hilft dir dabei. Wenn du dir Fußballspiele anschaust, live oder am Fernseher, solltest du die verteidigende Mannschaft beobachten. Versuche, den ersten und den absichernden Verteidiger auszumachen, und achte darauf, wie sie sich bewegen und ihre Positionen wechseln, wenn der Ball in Bewegung ist.

GEHEIMNIS 12

VORBEREITUNG AUFS TRAINING

Was willst du in der kommenden Saison erreichen? Setze dir messbare Ziele. Zum Beispiel: „Ich möchte die Genauigkeit meiner kurzen Pässe verbessern, bis nur noch halb so viele Kurzpässe ihr Ziel verfehlen wie voriges Jahr."

SUPERSTAR

Alex Morgan

GEBOREN: 2. Juli 1989 **POSITION:** Stürmerin

TEAM: Frauennationalmannschaft der USA; Orlando Pride, Western New York Flash, Seattle Sounders, Portland Thorns FC

ALS KIND WAR ALEX MORGAN, einer der jüngsten und größten Superstars des Fußballs, eine vielseitige Sportlerin. Erst im Alter von 14 Jahren begann sie Fußball zu spielen. Schon mit 17 wurde sie in die US-amerikanische Nationalmannschaft berufen.

Als Studentin an der Universität Berkeley spielte Alex für die California Golden Bears und schoss eindrucksvolle 45 Tore. Obwohl sie ihr Examen ein Jahr früher machte, ist sie immer noch die drittbeste Torschützin der Bears. 2011 war sie der erste Pick im Draft für die höchste Fußballliga der USA (National Women's Soccer League) und spielte für Western New York Flash. 2012 wechselte sie zu den Seattle Sounders und später spielte sie beim Portland Thorns FC, mit dem sie 2015 die Landesmeisterschaft gewann.

Die größten Erfolge ihrer Karriere erzielte sie als Nationalspielerin. 2012 gewann sie eine olympische Goldmedaille und wurde zur US-Fußballspielerin des Jahres gewählt. 2015 half sie der Nationalmannschaft, die Weltmeisterschaft zu gewinnen, obwohl sie sich nach einer Verletzung noch in der Genesungsphase befand. Wenn Abby Wambach sich aus dem Team zurückzieht, wird Alex eine der Führungspersönlichkeiten im Team sein. Sie ist sehr schnell und athletisch, was wahrscheinlich an ihrer früheren Vielseitigkeit liegt. Ihre Gegnerinnen wären sicherlich froh, wenn sie sich für eine andere Sportart entschieden hätte, doch in den Augen der Fans hat sie bestimmt die richtige Wahl getroffen.

LEVEL

STRATEGIE

17

Die Abwehrreihe

» *Verteidigen*

Es ist gut, wenn du mit den Aufgaben der Abwehrreihe deiner Mannschaft während eines Spiels vertraut bist. Das hilft dir, ein besserer Spieler zu werden, weil du dann für Mitspieler einspringen kannst, die ihre Position verlieren, oder ihnen dabei helfen kannst, die richtige Position zu finden. Es kann körperlich und mental anstrengend sein, in der Abwehr zu spielen, weil du ein ganzes Spiel lang deinen Torhüter schützen musst. In diesem Buch verstehen wir unter der Abwehrreihe eine Viererkette, die aus folgenden Spielern besteht: zwei Innenverteidigern, einer rechts und einer links; einem linken Verteidiger in der linken Außenposition; und einem rechten Verteidiger in der rechten Außenposition.

Die Abwehrreihe

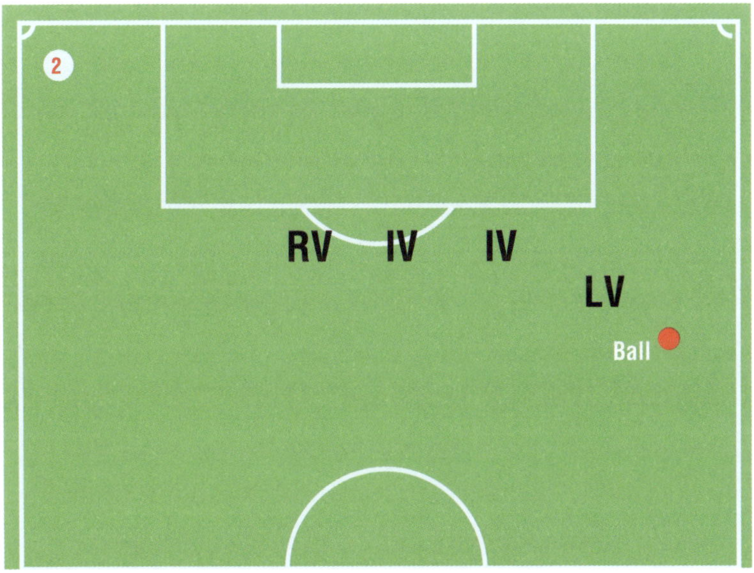

In Abb. 1 befindet sich der Ball in der Mitte des Feldes.
In Abb. 2 befindet sich der Ball in der linken defensiven Position.

Die vier Verteidiger können nie die ganze Breite des Spielfelds absichern. Wenn du den besten Mannschaften zuschaust, siehst du, dass die Verteidiger sich als Gruppe bewegen und ballferne Teile des Feldes offen lassen.

Du musst wissen, wie deine Abwehrreihe sich als Gruppe am besten bewegt, damit sie einen möglichst großen Teil des Feldes in der Breite sichern kann. Darum werden wir uns die Positionen der vier Verteidiger ansehen, wenn der Ball ins zentrale Mittelfeld, auf den linken defensiven Flügel, auf den rechten defensiven Flügel und ins defensive Mittelfeld gespielt wird.

Wenn das andere Team *im Mittelfeld* in Ballbesitz ist, sollten eure Innenverteidiger im zentralen Mittelfeld stehen, etwa 10 Meter voneinander und rund 9 bis 14 Meter vom Ball entfernt. Die Außenverteidiger stehen dann auf derselben horizontalen Linie etwa 10 Meter von den Innenverteidigern entfernt (siehe Abbildung 1, Seite 119). Technik 13 (Seite 103) erörtert, wie weit die Abwehrreihe vom Ball entfernt sein soll. Das ist eine gute Ausgangsposition für die Viererkette, um das Tor zu verteidigen und auf den Gegner zu reagieren.

Wenn der Ball auf die *linke defensive Außenbahn* geschlagen wird, laufen die vier Verteidiger nach außen, um die Seite des Feldes zu decken, weil von dort Gefahr droht. Der linke Außenverteidiger läuft in Richtung Ballführer und übt Druck auf den Ball aus. Der linke Innenverteidiger

Die Abwehrreihe

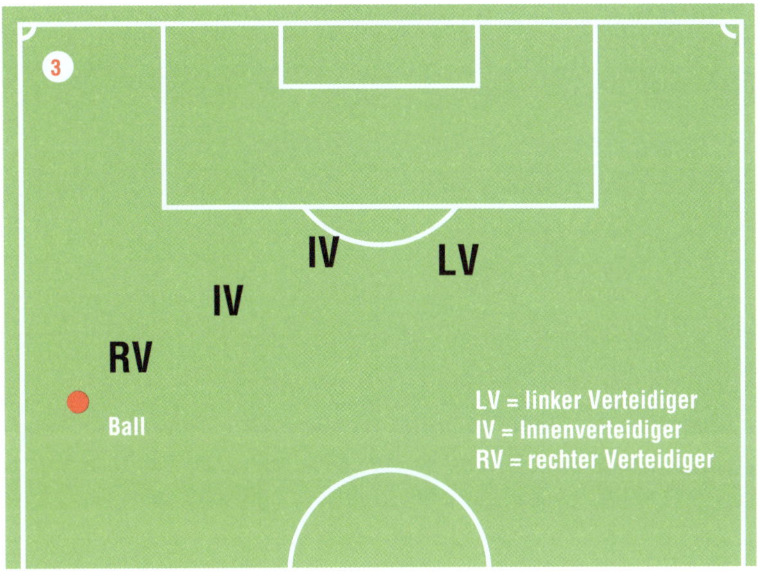

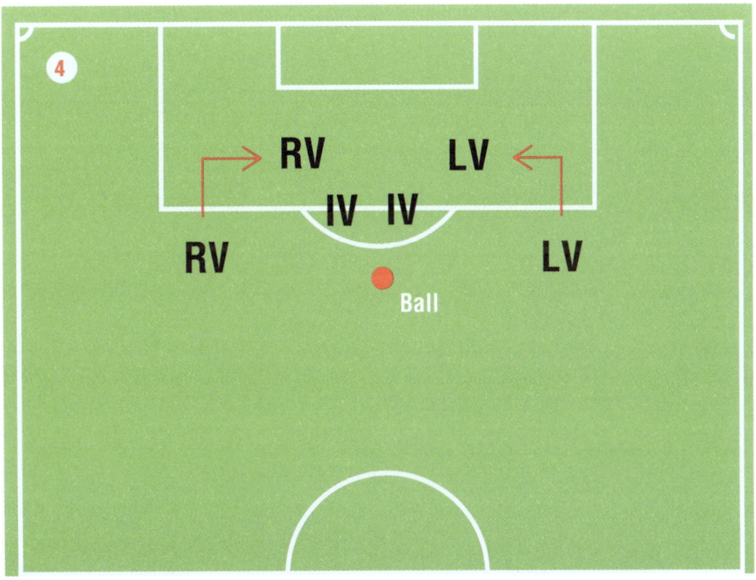

In Abb. 3 befindet sich der Ball auf der rechten defensiven Außenbahn.
In Abb. 4 befindet sich der Ball vor dem Strafraum im Mittelfeld.

befindet sich etwa 9 Meter entfernt in einem Winkel von ungefähr 45 Grad. Der rechte Innenverteidiger steht auf gleicher Höhe wir der linke. Dann rückt der rechte Außenverteidiger auf diese Linie und ist dann rund 9 Meter entfernt im Bereich zwischen dem Elfmeterpunkt und dem langen Pfosten (siehe Abbildung 2, Seite 119).

Damit bleibt ein großer Bereich des Feldes ungedeckt, aber wenn der Ball sich auf eurer linken Seite befindet, droht zu diesem Zeitpunkt keine echte Gefahr von der rechten Seite. Wenn der Ball auf die rechte Seite geschlagen wird, sollten die Positionen entsprechend verschoben werden: Der rechte Verteidiger geht auf den Ballführer zu (siehe Abbildung 3, Seite 121).

Wenn der Ball *zentral* vor eurem Strafraum landet und eure beiden Innenverteidiger in diesem engen Raum die Gegner bedrängen müssen, lassen sich die beiden anderen Verteidiger etwa 4 Meter zurückfallen und laufen circa 3 Meter Richtung Feldmitte (siehe Abbildung 4, Seite 121), damit sie den Raum hinter den Innenverteidigern decken und Steilpässe abfangen können, die hinter diese geschlagen werden.

STRATEGIE

18

LEVEL

Flanken schlagen

» *Passspiel*

Eine Flanke, die zu einer Torchance führt, gehört zu den aufregendsten Spielzügen für Spieler, Trainer und Fans. Beim Flanken geht es nicht einfach darum, den Ball in den Strafraum zu ballern und darauf zu hoffen, dass der Stürmer ihn ins Tor befördert. Es ist eine komplexe Technik, die leicht zu erlernen ist und dir hilft, ein besserer Spieler zu werden.

Eine Flanke schlägst du in einen Raum, der es deiner Mannschaft leichter macht, ein Tor zu schießen, am besten in den Bereich zwischen dem Torraum und dem Elfmeterpunkt – ich nenne ihn „zweiten Torraum". Wenn du den Ball in den Torraum flankst, hat der Torhüter eine größere

Flanken

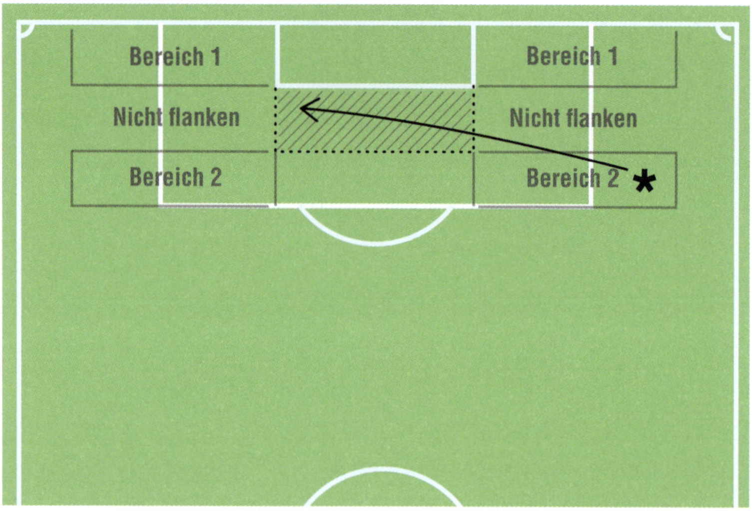

Der schattierte Bereich ist der zweite Torraum – das Zielgebiet für den Ball.

Im Bereich 1 flankst du den Ball vom Tor weg.
Im Bereich 2 flankst du den Ball in den zweiten Torraum, nicht in den Torraum.

*** Dies ist eine gute Flanke.**

Chance, ihn zu fangen. Wenn du ihn hinter den zweiten Torraum beförderst, ist es für dein Team schwerer, aufs Tor zu schießen.

Achte beim Flanken auf drei Punkte: 1. auf guten Ballkontakt, damit der Ball dort ankommt, wo du ihn haben willst; 2. auf den Winkel der Flanke, wenn sie den zweiten Torraum durchquert; 3. auf die Höhe der Flanke.

In den zweiten Torraum flankst du nicht aus den Bereichen neben ihm. Laufe stattdessen auf die Torlinie zu oder schlage die Flanke nach innen, ehe du den zweiten Torraum erreichst. Wenn deine Flanke auf geradem Weg in den zweiten Torraum fliegt, fällt es dem Torhüter leichter, sie abzufangen, oder ein Verteidiger schlägt den Ball weg.

Die folgenden Tipps helfen dir bei der Entscheidung, welche Flanke die richtige ist:

- Wenn du bis zur Seitenlinie läufst und den Ball flach spielen willst, schlägst du einen *Kurzpass* (Seite 26).

- Wenn du bis zur Seitenlinie läufst und den Ball hoch hineinschlagen willst, ist ein *Lupfer* gefragt (Seite 39).

- Wenn du vor dem zweiten Torraum flankst und der Ball flach bleiben soll, verpasst du ihm *mit dem Außenrist einen Drall* (Seite 58), damit er den Bereich vor dem Torhüter in einem Bogen durchquert.

- Wenn du vor dem zweiten Torraum flankst und der Ball durch die Luft fliegen soll, ist ein *Lupfer* die beste Wahl.

Wenn du flanken lernst, musst du auf gute Ballbehandlung achten, um Platz für die Flanke zu schaffen. Nimm den Kopf nach oben, entscheide dich für einen Flankentyp und sorge für guten Ballkontakt.

ÜBUNG

Beginne 25 Meter vor dem Tor und gut 4 Meter von der Seitenlinie entfernt. Laufe mit zwei oder drei Ballberührungen in Richtung Torlinie und versuche, den Ball durch den zweiten Torraum zu passen. Wenn du ein paar Hütchen hast, markiere diesen Raum, damit du deine Fortschritte messen kannst. Stelle dir die Flanke als Pass von der Außenbahn vor. Die Aufgabe besteht darin, den Ball in den Raum zu befördern. Der Stürmer muss in diesen Raum laufen und vor dem gegnerischen Verteidiger an den Ball kommen. Schlage 20 Bälle von der rechten und 20 von der linken Bahn aus, damit du lernst, beidfüßig zu spielen.

Wenn du diese Übung gemeistert hast, erhöhst du das Tempo und spielst den Ball seltener, bevor du flankst. Mit weniger Ballkontakten bist du schneller, weil du nicht aus dem Tritt gerätst.

STRATEGIE

19

LEVEL ● ● ○

Flanken abwehren

» *Verteidigen*

Wenn du Flanken abwehren willst, die in den 16-Meter-Raum kommen, musst du zuerst auf deine Position achten. Am besten wendest du dich von deinem Tor ab und der Strafraumlinie zu. Wenn du die Füße und den Körper vom eigenen Tor wegdrehst, ist die Gefahr eines Eigentores geringer. Am besten ist es natürlich, wenn du die Gefahr vor allen anderen witterst. Dafür läufst du in eine Position, in der du Folgendes sehen kannst: 1. den flankenden Spieler, 2. den Spieler, den du deckst, 3. den Raum, in dem der Ball landen wird. Stelle dich so auf, dass deine Schulter zur Eckfahne zeigt.

Deine Füße sollten in Bewegung bleiben. Schau immer wieder über die Schulter; dann siehst du die Spieler, die sich außen befinden, den Bereich hinter oder neben dir, in den der Angreifer laufen will, und deinen Gegner. Beobachte den Flankengeber. Sobald er den Kopf senkt, musst du abwehrbereit sein. Wenn du dich vom Ball wegdrehst, besteht keine Gefahr, dass du ihn ins eigene Tor oder ins Toraus lenkst.

Wenn du dich nicht in die richtige Richtung drehen kannst und dem eigenen Tor zugewandt bist, können die folgenden Tipps dir helfen, je nachdem, wo du im Strafraum stehst.

- **Neben dem kurzen Pfosten (der Bereich, der dem Ball näher ist als der kurze Pfosten):** Wenn du hier stehst, schlägst du den Ball über den Bereich zurück, aus dem er gepasst wurde. Wenn du den Ball nicht in die Tiefe wegschlagen kannst, spielst du ihn ins Aus. Dann gibt es Einwurf und deine Mannschaft kann die Abwehr neu formieren und die Gegner decken. Wenn das nicht geht, schlägst du den Ball ins Toraus. Auch eine Ecke gibt deinem Team die Chance, sich neu zu organisieren. Eine Ecke ist zwar nicht toll, aber das ist immer noch besser, als gar nicht an den Ball zu kommen.

- **Neben dem langen Pfosten (der Bereich, der vom Ball weiter weg ist als dieser Pfosten):** Wenn du hier stehst, schlägst du den Ball nicht quer zum Tor zurück. Versuche, den Ball zu verlängern, hinaus aus der Gefahrenzone. Wenn das nicht geht, schlägst du ihn ins Seitenaus oder ins Toraus, damit der Gegenspieler am langen Pfosten ihn nicht bekommt. Falls dort kein Gegner steht, lässt du den Ball ins Aus rollen oder kontrollierst ihn. Dreh dich weg von deinem Tor und starte den nächsten Angriff.

- **Zwischen den Torpfosten:** Wenn du vor deinem eigenen Tor stehst und dem Ball zugewandt bist, wenn er hereingepasst wird, versuchst du, ihn als Erster zu erreichen. Schlage ihn so hoch in die Luft, wie du kannst.
  Das führt wahrscheinlich zu einem Eckball; aber du befindest dich in einer kritischen Position und dies ist die einzige Lösung.

LEVEL

STRATEGIE

20

Raum schaffen

» *Passspiel* » *Laufen* » *Dribbeln*

Das Spielfeld ist groß, aber je weiter nach vorne du gehst (aufs gegnerische Tor zu), desto schwerer findest du offenen Raum, weil die anderen sich zurückziehen und ihr Tor verteidigen. Wenn du keinen Raum findest, musst du ihn schaffen. Die besten Spieler schaffen Raum für sich und für Mitspieler, manchmal indem sie sich geschickt bewegen, manchmal indem sie sich gar nicht bewegen.

Du hast mehrere Möglichkeiten, Raum zu schaffen. Dabei zwingst du die gegnerischen Verteidiger, sich zu bewegen und ihre Positionen zu verlassen, sodass offener Raum entsteht, in den du eindringen kannst:

- Schlage schnelle, genaue Pässe, um die gegnerische Abwehr zu verwirren und dadurch Räume zu öffnen.

- Laufe vom Ball weg, um offenen Raum zu schaffen.

- Dribble mit dem Ball, um die Verteidiger in Ballnähe zu bringen.

- Laufe mit dem Ball auf die Verteidiger zu. Sie müssen dann auf deine Aktion reagieren.

Dein Trainer wird mit deiner Mannschaft an diesen Techniken arbeiten, aber wenn du die folgenden Hinweise beachtest, bist du den anderen voraus.

Ihr könnt kombinieren, das heißt mehrere Pässe über unterschiedliche Distanzen spielen, um die Gegner ins Laufen zu bringen. Ein paar kurze, präzise Pässe locken sie näher zum Ball und ein langer Pass gibt dir die Chance, in die frei werdenden Räume vorzustoßen. Einige Male schlagt ihr bestimmt auch direkte Pässe; darum musst du dich auf einen direkten Pass zu einem Mitspieler vorbereiten. Wenn dein Pass nicht vor seinen Füßen landet, kann er seinerseits wahrscheinlich keinen direkten Pass schlagen. Wenn dein Pass zu schnell ist, muss er den Ball womöglich mehrmals berühren, ehe er ihn unter Kontrolle hat – und das hilft dem Gegner.

Manchmal genügt es, an einem Verteidiger vorbeizulaufen, um Raum zu schaffen. Wenn er dir folgt, öffnet er eine Lücke, wenn nicht, befindest du dich vielleicht in einem freien Raum. Bleib auf den Zehen und lauf weiter, um mehr Raum zu öffnen.

Bisweilen kannst du Raum für dich und andere schaffen, indem du den Ball einfach für ein paar Sekunden hältst. Dann laufen die Verteidiger auf dich zu. Beobachte sie gut, damit sie dir den Ball nicht wegschnappen. Du kannst entweder in den Raum vorstoßen, den sie verlassen haben, oder einen Pass zu einem Teamkameraden in diesen Raum spielen. Scheue dich aber auch nicht, etwas anderes auszuprobieren. Kreativität ist ein großartiges Talent!

Auch wenn du um einen einzelnen Verteidiger herumdribbelst oder mit dem Ball in einen freien Raum läufst, schaffst du anderswo auf dem Feld freie Räume. Wenn niemand dich angreift, läufst du weiter; wenn ein Gegenspieler auf dich zukommt, lässt du den Kopf oben und schaust dich nach Chancen um, den Pass zu einem freien Spieler zu schlagen – oder du spielst den Gegner im 1 zu 1 aus.

Wie du siehst, gibt es viele Möglichkeiten, für dich und deine Teamkameraden Raum zu schaffen. Entscheidend ist, wie du dich bewegst, unabhängig davon, ob du den Ball hast oder nicht.

STRATEGIE

21

LEVEL ●●●

Die gegnerischen Linien durchbrechen

» *Passen* » *Laufen*

Wenn du lernst, die Linien des Gegners zu durchbrechen, wirst du ein besserer Spieler. In jedem Spiel beginnen beide Mannschaften mit einem Spielsystem. Es gibt viele Spielsysteme und wahrscheinlich kennst du einige von ihnen. Man verwendet Zahlen, um diese Startaufstellungen zu bezeichnen. 4-3-3 bedeutet zum Beispiel: vier Verteidiger, drei Mittelfeldspieler und drei Stürmer. 4-4-2 steht für vier Verteidiger, vier Mittelfeldspieler und zwei Stürmer. 3-5-2 heißt: drei Verteidiger, fünf Mittelfeldspieler und zwei Stürmer. Und 3-4-3 steht für drei Verteidiger, vier Mittelfeldspieler und drei Stürmer.

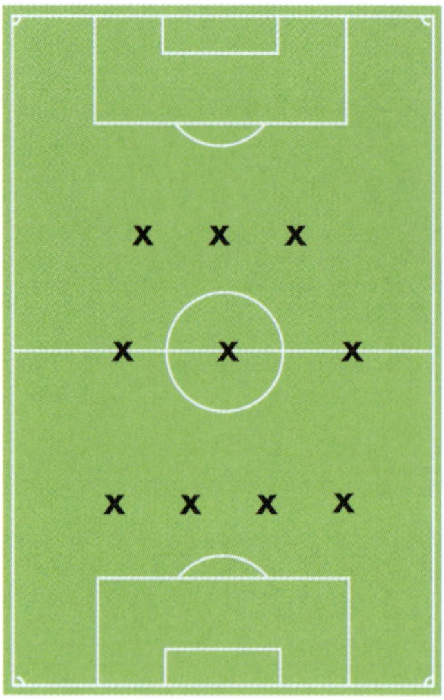

4-3-3

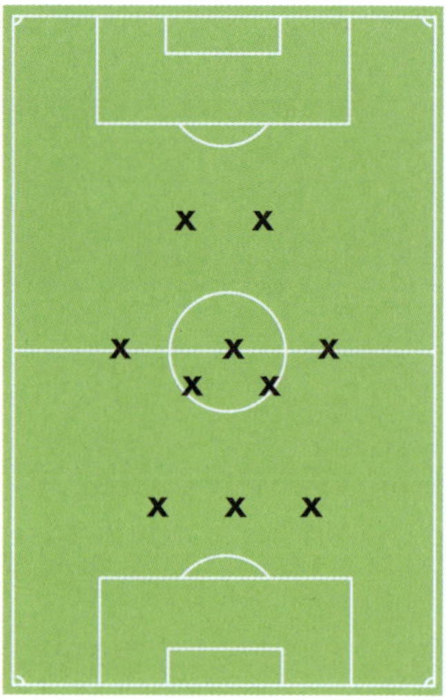

3-5-2

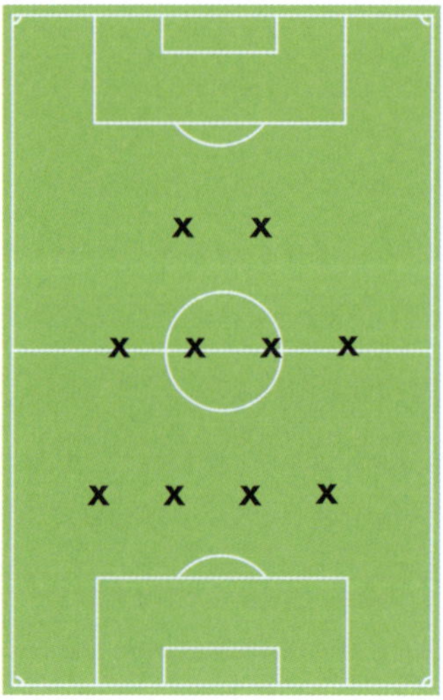

4-4-2

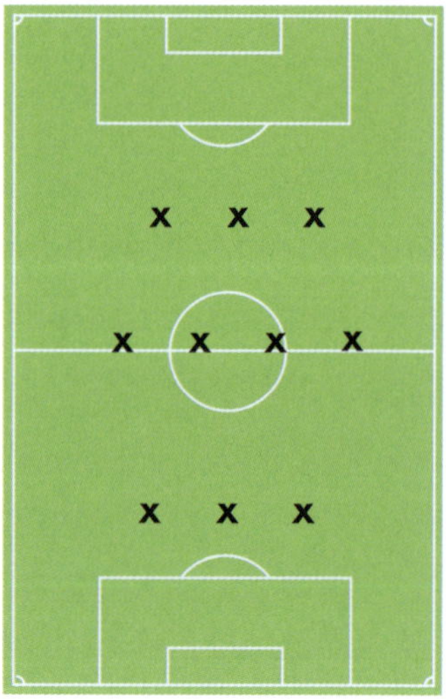

3-4-3

Fußballspieler ordnen sich in Reihen oder Ketten an, die den eben erwähnten Systemen gleichen. Es gibt Viererabwehrketten, Sturmreihen aus zwei oder drei Spielern und Mittelfeldreihen aus zwei, drei, vier und manchmal fünf Spielern. Die Linien der anderen Mannschaft sind diejenigen, die ihr durchbrechen wollt.

Nimm einfach an, dass diese Spieler durch unsichtbare Linien verbunden sind (siehe Abbildungen). Deine Aufgabe besteht darin, durch diese gedachten Linien zu stoßen. Dafür hast du drei Möglichkeiten:

1. **Durchbrich ihre Linien mit einem Pass.** Wenn du mit einem Pass durch ihre Sturmreihe stoßen kannst, hast du den Ball im Mittelfeld unter Kontrolle. Das ist eine günstige Position, weil du danach die gegnerische Linie im Mittelfeld durchbrechen und den Ball nach vorne spielen kannst. Anschließend versuchst du, mit einem Pass auch durch die Abwehrkette zu stoßen, sodass deine Mitspieler hinter die vier Verteidiger laufen und eine Torchance herausspielen können.

2. **Laufe mit dem Ball durch ihre Linien.** Das ist eine wichtige Fähigkeit für Verteidiger. Wenn du die Sturmlinie durchbrichst, indem du mit dem Ball läufst, wirst du zu einem zusätzlichen Mittelfeldspieler. Um erfolgreich Fußball zu spielen, muss dein Team mehr Spieler

Linien durchbrechen

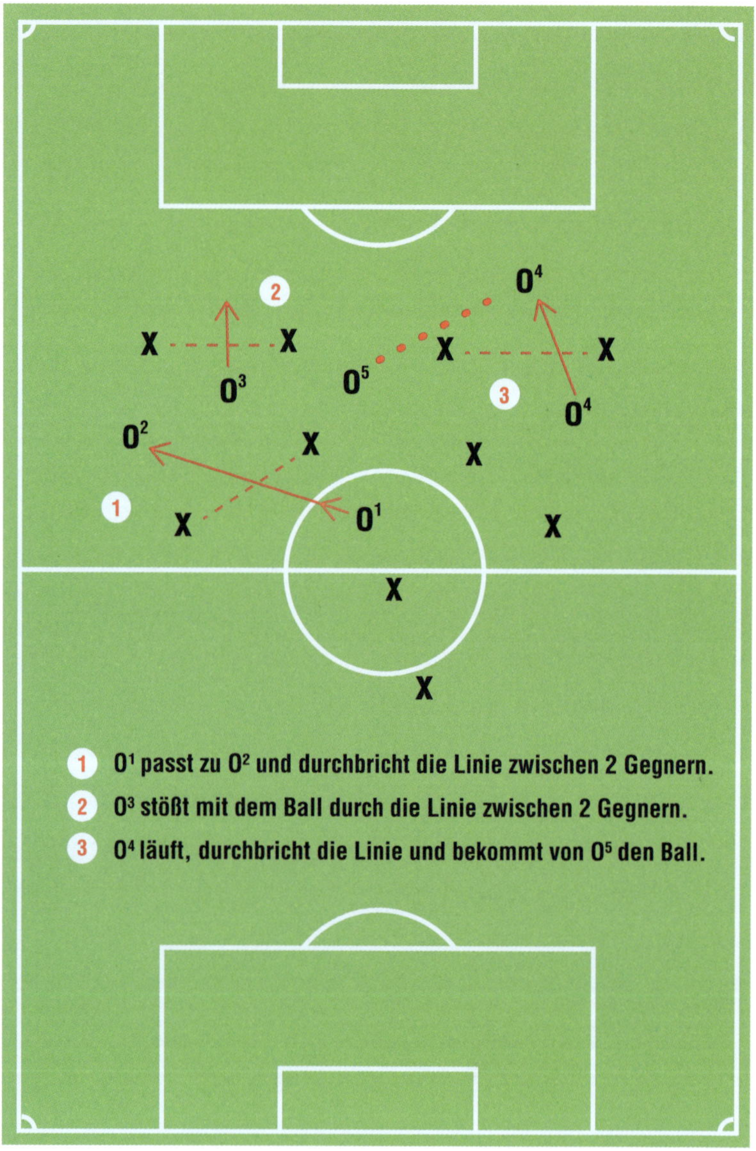

um den Ball herum versammeln als der Gegner. Wenn du mit dem Ball durch die Linie stößt, laufen die gegnerischen Verteidiger zu dir hin und öffnen Räume für deine Teamkameraden. Das ist sehr frustrierend für eure Gegner!

3. **Durchbrich ihre Linien mit einem unterstützenden Sprint.** Du läufst einfach zwischen zwei gegnerischen Spielern durch, um in den freien Raum zu gelangen und einen Pass anzunehmen. Achte darauf, dass du beim Versuch, die Abwehrkette zu knacken, nicht ins Abseits läufst – dann ist der Ball nämlich weg.

Im Mittelfeld gibt es viele Linien, die du durchbrechen kannst. Auf deinem Weg über das Spielfeld kannst du also Linien durchbrechen, um das Spiel zu verlagern oder auch nur, um in Ballbesitz zu bleiben. Wenn du durch die Abwehrkette vorstößt, dann vergiss nicht, wohin du laufen willst und warum. Wenn du nur auf dem Feld herumrennst, nützt das deiner Mannschaft nichts. Plane deine Sprints so, dass du den Ballführer unterstützen kannst. Du wirst ein besserer Spieler, wenn du Linien mit Pässen, Sprints oder dem Ball am Fuß durchbrechen kannst.

LEVEL ●●●

STRATEGIE

22

Das Dreieckspiel

» *Passspiel*

Eine Technik, die auf dem Durchbrechen von Linien aufbaut, wird Dreieckspiel genannt. In einem Spiel hast du die Aufgabe, in die Verteidigungs-, Mittelfeld- und Angriffslinien des Gegners einzudringen und dich für Pässe von Teamkameraden anzubieten.

Wenn du bei der Ballannahme einem Verteidiger oder Mittelfeldspieler zu nahe bist, ist es für den Gegner ganz klar, wer dich decken soll: Der Spieler, der dir am nächsten ist, wird dich bedrängen. Halte Ausschau nach Räumen zwischen den gegnerischen Linien, um die Gegner in Schwierigkeiten zu bringen. Wenn du beispielsweise einen Raum zwischen dem Innenverteidiger und dem zentralen

Das Dreieckspiel

Die Spieler O^1, O^2 und O^3 besetzen den Raum zwischen 3 Verteidigern.

Mittelfeldspieler findest – beide sind vielleicht 15 Meter auseinander –, muss der Mittelfeldspieler zurücklaufen, um dich zu decken. Dadurch öffnet sich Raum im Mittelfeld. Oder, was noch besser ist, der Innenverteidiger rückt nach vorne, um dich zu decken, und öffnet dadurch Raum in seiner Abwehrlinie. Dann bieten sich deiner Mannschaft Torchancen.

Mannschaften bewegen sich nicht in geraden Linien übers Feld. Deshalb findest du auch Räume zwischen den Mittelfeldspielern und zwischen den Verteidigern. Dies sind günstige Positionen, weil die Gegner möglicherweise nicht genau wissen, wer dich decken soll. Wenn beide auf dich zulaufen, sobald du den Ball bekommst, öffnet ein schneller Pass zu einem Mitspieler Räume, da zwei gegnerische Spieler dich decken. Wenn niemand dich deckt, bist du in Ballbesitz und ungedeckt – auch das ist eine sehr gute Situation für dein Team.

Wie findest du diese Räume zwischen den gegnerischen Linien? Spiele im Dreieck. Halte Ausschau nach einer Dreiergruppe aus gegnerischen Spielern und denke dir Linien, die sie so verbinden, dass ein Dreieck entsteht. Wenn du das Dreieck siehst, besetzt du diesen Raum. So ziehst du die Aufmerksamkeit von mindestens zwei, vielleicht sogar von allen drei gegnerischen Spielern auf dich. Das ist für deine Mannschaft eine große Hilfe und ebenso für den Ballführer, weil er einen Pass spielen kann.

Wenn du das Dreieck gefunden und besetzt hat, suchst du nach Räumen, in die du passen kannst, falls du angespielt wirst. Bereite dich darauf vor! Bleibe aber nicht zu lange in diesem Raum, denn er wird nach und nach kleiner und das andere Team stellt sich auf deine Position ein. Wenn du den Ball nach ein paar Sekunden nicht bekommst oder das Dreieck zu schrumpfen beginnt, suchst du nach einem anderen Dreieck und läufst hinein. Bleibe in Bewegung und suche Dreiecke hinter und vor dem Ball, denn manchmal könnt ihr den Ball nicht nach vorne spielen und der Ballführer braucht Hilfe.

GEHEIMNIS 13

TRINKE VOR DEM SPIEL

Beginne vier Stunden vor dem Spiel zu trinken. Wasser ist gut, aber Sportgetränke mit Kohlenhydraten sind besser.

SUPERSTAR

Cristiano Ronaldo

GEBOREN: 5. Februar 1985 **POSITION:** Stürmer

TEAM: Real Madrid; portugiesische Nationalmannschaft

CRISTIANO RONALDO WAR NICHT DER ERSTE Ronaldo im Fußball. Der erste spielte für Brasilien und gewann zwei Weltmeisterschaften. Doch wenn wir heute den Namen Ronaldo hören, denken wir nur an den brillanten portugiesischen Stürmer.

Ronaldo begann seine Karriere in Portugal bei seinem lokalen Verein Nacional. Sehr bald erkannte der große Verein Sporting Lissabon sein Talent. Nach 25 Spielen wechselte er zu Manchester United, wo er zum Superstar wurde und viele Titel gewann, unter anderem die Champions League 2008. Die Welt lag ihm zu Füßen, als er Manchester 2009 verließ und fortan für Real Madrid spielte, wo er der am höchsten bezahlte Spieler aller Zeiten wurde. Bei Real wurde er noch besser und half der Mannschaft, die spanische Meisterschaft und die Champions League zu gewinnen.

Ronaldo hat mehr als hundert Mal für sein Land gespielt und an drei Weltmeisterschaften und drei Europameisterschaften teilgenommen.

Ronaldo ist sehr schnell und kraftvoll. Er trainiert sehr hart, um seine Muskulatur aufzubauen. Das hilft ihm bei den vielen Zweikämpfen, die er in einem Spiel bestreiten muss. Sehr oft ist er zu schnell und zu stark für seine Gegner – er überläuft sie einfach. Wenn es einem Gegner gelingt, ihn zu bremsen, nutzt er seine großartige Technik und seine Schnelligkeit, um ihnen selbst in engen Räumen zu entwischen. In vielen Spielen ist er fast nicht aufzuhalten, obwohl er immer von mehreren Spielern bewacht wird.

Wie alle großen Spieler verbringt Ronaldo unzählige Stunden damit, seine Technik zu verbessern. Er ist bekannt für seine erstaunlichen angeschnittenen Freistöße. Übung macht den Meister!

LEVEL ●●●

STRATEGIE

23

Zweikämpfe

» *Laufen*

Zweikämpfe zu gewinnen ist eine der wertvollsten Fertigkeiten, die du erwerben und trainieren kannst. Die besten Spieler der Welt, zum Beispiel Lionel Messi, Cristiano Ronaldo und Alex Morgan, können Gegenspieler im Zweikampf ausspielen, wenn es darauf ankommt.

Die wichtigste Eigenschaft in solchen Situationen ist Selbstvertrauen. Wenn du einen Zweikampf nicht gewinnst, verliert deine Mannschaft schlimmstenfalls den Ball. Mach dir darüber keine Sogen – ihr gewinnt ihn bald zurück. Glaube daran, dass du gewinnst und deinem Team eine Torchance eröffnest. Wenn du dem Zweikampf ausweichst, wirst du deinen Gegner nie besiegen. Niemand gewinnt alle Zweikämpfe, also nichts wie ran!

Es gibt zwei Möglichkeiten, einen Zweikampf zu gewinnen: durch Tempo, wenn du genug Platz hast, und durch Technik, wenn du nicht genug Platz hast.

Mit Tempo meinen wir pure, athletische Schnelligkeit oder Gedankenschnelligkeit: schneller entscheiden, was du tust, als der Gegner darauf reagieren kann. Um einen Gegner damit auszustechen, musst du zuerst genug Platz haben oder schaffen, damit du den Ball annehmen kannst. Wenn du vom Ball weg läufst, verschaffst du dir Platz und lockst einen Verteidiger zu dir, der dann von seinen Mannschaftskameraden isoliert ist.

Sobald du genug Platz hast und der Verteidiger isoliert ist, beobachtest du den Raum hinter ihm. Wenn du dann angespielt wirst, schiebst du den Ball am Verteidiger vorbei und läufst in den offenen Raum. Bleib zwischen dem Ball und dem Abwehrspieler und benutze deinen Körper als Schild, damit der Gegner nicht an den Ball herankommt. Sobald du den Ball am Verteidiger vorbei in den offenen Raum gespielt hast, musst du dafür sorgen, dass du wieder als Nächster Ballkontakt hast. Dann hast du gewonnen.

Wenn du wenig Platz hast, nutzt du deine Beinarbeit, um am Abwehrspieler vorbeizulaufen und ihn aus dem Konzept zu bringen. Übe deine Lieblingsbewegung so oft wie möglich und arbeite auch an einem Ersatzplan, falls der Gegner herausfindet, was du vorhast. Denke daran, dass Selbstvertrauen der Schlüssel zum Erfolg ist. Je öfter du dich in Zweikämpfe stürzt, desto öfter wirst du sie gewinnen.

Behalte den Kopf oben, damit du den Ball und den gegnerischen Verteidiger siehst, und bleib aufrecht, damit du den Ball annehmen kannst. Schaffe dir mit der ersten Ballberührung genügend Platz, um den Gegner auszuspielen. Halte deinen Körper und die Knie gebeugt, damit du dich problemlos seitwärts bewegen kannst, und nutze den Körper als Schild zwischen dem Ball und dem Verteidiger.

GEHEIMNIS

14

TRINKE WÄHREND DES SPIELS

Achte darauf, während des Spiels ausreichend zu trinken, alle 15 Minuten 200 bis 400 Milliliter. Am besten schreibst du deinen Namen auf deine Flasche.

STRATEGIE

24

LEVEL

Den Ball zurückerobern

» *Verteidigen*

Wenn deine Mannschaft den Ball verliert, müsst ihr euch darauf konzentrieren, ihn so schnell wie möglich zurückzuerobern. Spielern, die nicht in der Position eines Verteidigers oder defensiven Mittelfeldakteurs spielen, ist oft nicht klar, dass sie ihre Taktik in diesem Fall ändern müssen. Deshalb gerät ihr Team schnell unter Druck und muss sein Tor verteidigen. Heutzutage müssen Fußballer nicht nur an ihre Position in der Mannschaft denken, sondern auch an ihre Aufgaben im Team, wenn es in Ballbesitz ist oder den Ball verliert. Wenn deine Mannschaft den Ball nicht hat, erwartet dein Trainer, dass du dein Bestes gibst, um ihn zurückzuholen!

Als Verteidiger lernst du eine Menge Tricks. Hier sind ein paar Beispiele:

- **Gegen einen Spieler in Ballbesitz verteidigen, der dir den Rücken zudreht.** Zuerst musst du hinter den Angreifer in eine Position kommen, von der aus du den Ball siehst. Wenn du ihn nicht siehst, musst du raten – und du könntest falsch raten. Verteidiger dürfen nicht raten; sie müssen wissen, wo der Ball ist. Geh ein wenig in die Knie, damit du auf die Bewegungen des Ballführenden reagieren kannst, aber verlagere nicht zu viel Gewicht auf einen Fuß, weil du dann das Gleichgewicht verlierst. Es ist beispielsweise schwierig, sich nach rechts zu bewegen, wenn das ganze Gewicht auf dem rechten Fuß lastet. Berühre den Ballführer nicht, sonst weiß er, wo du bist, und kann sich darauf einstellen. Lass ihn raten, wo du bist, oder – besser noch – lass ihn nach dir suchen und dabei den Ball aus den Augen verlieren. Bleib in dieser Position und bremse den Gegner. Lass es nicht zu, dass er sich umdreht, sondern folge seinen Bewegungen. Wenn er den Ball länger als drei oder vier Sekunden halten muss, ist die Chance groß, dass ein Teamkamerad dir hilft.

- **Offenes Spiel im Mittelfeld.** Überlege, ob du den Ball in einem Zweikampf erobern kannst. Doch wenn du dabei den Ball nicht triffst, ist es ein Foul und du bekommst eine gelbe oder rote Karte, was deiner Mannschaft bestimmt nicht hilft. Wenn ein Tackling nicht möglich ist, nimmst du eine Abwehrhaltung ein: Wende die Schulter dem Ballführer zu und beuge die Knie, damit du nicht das Gleichgewicht verlierst. Beim offenen Spiel im Mittelfeld ist immer Hilfe in der Nähe; es lohnt nicht, sich auf den Ball zu stürzen und ihn zu verfehlen. Sei geduldig. Behalte den Ball im Auge und hindere den Ballführer wenn möglich daran, nach vorne zu stürmen. Wenn er sich den Ball vorlegt, hast du eine Chance, in den Raum zwischen ihm und dem Ball zu laufen und dir den Ball zu holen!

- **Eine 1-gegen-1-Situation auf der Außenbahn.** Deine Hauptaufgabe besteht darin, den Ballführer zu bremsen und nicht von ihm überlaufen zu werden. Bring die Füße in die richtige Position und wende dem Ballführer die Schultern zu. Übernimm das Kommando und treibe den Gegner dorthin, wo du ihn haben willst. Konzentriere dich auf den Ball. Wenn der Gegner einen Trick versucht, dann *reagiere auf den Ball, nicht auf die Körperbewegungen des Gegners.* Gute Verteidiger sind geduldig, konzentriert und ein Gewinn für die Mannschaft.

LEVEL

STRATEGIE

25

Zusammenarbeit in der Abwehrreihe

» *Verteidigen*

Wie du bereits gelernt hast, arbeiten die vier Verteidiger zusammen und decken das Feld von einer Seite bis zur anderen ab. Du solltest auch wissen, welche Aufgaben die anderen Mitspieler haben, damit du bei Bedarf für sie einspringen kannst. Je vielseitiger du bist, desto wichtiger bist du für die Mannschaft und den Trainer. Natürlich machst du auch Fehler, denn du lernst ja noch. Und aus deinen Fehlern kannst du lernen.

Wie bewegen sich die Abwehrspieler als Gruppe auf dem Feld? In der Regel agieren sie zwischen dem eigenen Strafraum und der Mittellinie. Sie ziehen sich nicht in den

Strafraum zurück, wenn es nicht notwendig ist, weil der Torwart dann den Ball schlechter sieht. Wenn möglich bleibt die Viererkette am Strafraumrand. Wenn die Mannschaft nach vorne geht, sollten die Abwehrspieler bis zur Mittellinie auf einer waagrechten Linie zusammenbleiben. Der rechte und der linke Verteidiger, sogar einer der Innenverteidiger kann sich nach vorne wagen, um den Angriff zu unterstützen; aber die Mittellinie ist euer „Stützpunkt", wenn eure Mannschaft angreift.

Wenn du in der Abwehr spielst, musst du immer auf Hinweise achten, die dir verraten, ob du nach vorne oder nach hinten laufen sollst. Wenn die Mittelfeldspieler oder Stürmer beispielsweise den Ballführer unter Druck setzen können, dürfen die Verteidiger etwa 10 Meter hinter den Mittelfeldspielern stehen. So könnt ihr die Gegner zurückdrängen und ihnen Raum abnehmen. Wenn sie weiter zurückweichen, kann eure Viererkette bis zur Mittellinie vorrücken, solange der Ballführer bedrängt wird.

Wenn die gegnerische Mannschaft sich freispielt und der Ballführer Zeit hat, nach vorne zu schauen und zu passen, sollte die Viererkette bereit sein, sich als Gruppe zurückzuziehen. Beobachte den Ballführer genau. Wenn er sich aufrichtet und versucht, einen langen Ball in den Raum hinter eurer Abwehr zu schlagen, läufst du sofort nach hinten auf das Tor zu, um den Raum zu schließen. Es ist wichtig, dass die vier Abwehrspieler sich gemeinsam bewegen, damit sie als Gruppe verteidigen können. Mach dir keine Sorgen wegen des Spielers vor dir. Wenn du merkst, dass er einen langen Ball spielen möchte, läufst du zurück und bereitest dich auf die Verteidigung vor. Das ist viel leichter, als den Spieler zu jagen, nachdem der Ball über deinen Kopf geflogen ist.

Wenn der Ballführer durchbricht und mit dem Ball zu laufen beginnt, sollte die Viererkette sich zurückziehen und den Raum hinter sich besetzen. Wird der Ballführer nicht bedrängt, sollten die Abwehrspieler sich aber nur bis zur Strafraumkante zurückziehen. Hört der Ballführer auf, nach vorne zu laufen, und macht kehrt, geht die Viererkette nach vorne und leitet die Rückeroberung des Balles ein.

GEHEIMNIS 15

SEI GEDULDIG

Denke daran, dass du noch lernst und dass es einige Zeit dauert, bis die Viererkette sicher steht. Habe Geduld, lerne aus deinen Fehlern und befolge die Anweisungen deines Trainers.

STRATEGIE

26

LEVEL ● ● ●

Ins Angriffsdreieck hineinlaufen

» *Laufen* » *Schießen*

Für einen erfolgreichen Torabschluss musst du dich darauf konzentrieren, in eine günstige Torschussposition zu gelangen, als Erster am Ball zu sein und das Ziel zu treffen.

Wohin läufst du am besten? Zum kurzen Pfosten, zum langen Pfosten oder zur Tormitte. Manche Trainer nennen diesen Bereich „Angriffsdreieck" (siehe Abbildung Seite 154). Ganz egal, wofür du dich entscheidest, es ist wichtig, dass du nicht geradlinig und immer im selben Tempo in diesen Raum sprintest, weil die Verteidiger es dann leichter haben, dich zu decken. Beschleunige gegen Ende deines Laufs, um dich von dem Verteidiger zu lösen, der dich deckt. Wenn du zu früh losrennst, gelangst du zu

Flanken ins „Angriffsdreieck“ verwerten

früh ins Dreieck oder der Verteidiger fängt dich ab, sobald du langsamer wirst. Versuche auf einer Diagonalen zu laufen, damit du den Passgeber sehen kannst. Achte auf die Zeichen, die er dir gibt, sodass du merkst, wann der Pass kommt. Du kannst auch den Winkel und die Richtung deines Laufs ändern, um den Verteidiger zu verwirren. Dann ist es leichter, ihn zu überspielen. Sei kreativ!

Wenn du zum kurzen Pfosten läufst, versuchst du, außen am Verteidiger vorbeizukommen. Dann bist du dem Ball näher als er und das hilft dir, den Ball zuerst zu bekommen. Wichtig ist, dass du zwischen den Torpfosten bleibst, wenn du nach vorne rennst. Dann ist es einfacher, das Tor zu treffen. Wenn du am Pfosten vorbei zum Rand des Torraumes läufst, ist es schwerer, ins Tor zu treffen, weil du dich umdrehen musst, wenn du den Ball hast. Mach es dir also leicht und maximiere deine Torchancen.

Wenn du zum langen Pfosten läufst, versuchst du ebenfalls, rechts am Verteidiger vorbeizukommen. Laufe in eine Position auf gleicher Höhe mit dem langen Pfosten oder knapp außerhalb. Bleibe, wenn möglich, in dem Raum zwischen dem Rand des Torraums und dem Torpfosten. Sobald du deine Position erreicht hast, musst du darauf achten, dass du dich nicht auf einer horizontalen Linie mit dem Spieler am kurzen Pfosten befindest. Dadurch steigt die Chance, dass du den Ball bekommst. Wenn ihr euch auf gleicher Höhe befindet und die Flanke deinen Gegenspieler verfehlt, dann verpasst du den Ball wahrscheinlich auch!

Einerlei, ob du zum kurzen oder lange Pfosten läufst, versuche im „zweiten Strafraum" zu bleiben, weil der Torhüter wahrscheinlich im Strafraum bleibt und jeder Kontakt mit ihm ein Foul sein könnte.

Wenn du zur Tormitte läufst, suchst du dir einen Raum knapp hinter dem Elfmeterpunkt und hinter den Spielern am kurzen und langen Pfosten, damit der flankende Mitspieler eine weitere Anspielmöglichkeit hat. Dadurch deckst du gleichzeitig den Raum für den Fall, dass der Gegner den Ball erobert. An diesem Platz kannst du den Ball stoppen und schießen.

LEVEL ●●●

STRATEGIE

27

Bereit zum Torschuss

» *Passspiel* » *Schießen*

Sobald du im „Angriffsdreieck" ankommst, musst du entscheiden, was du als Nächstes tust. Es ist wichtig, als Erster am Ball zu sein, wenn der Ball vor das Tor geflankt wird. Am kurzen Pfosten stoppst du den Ball mit dem rechten Fuß, wenn er von rechts kommt. Wenn du ihn vorbeirollen lässt, hat der Verteidiger mehr Zeit, den Ball abzufangen oder abzublocken. Kommt der Ball von links, stoppst du ihn mit dem linken Fuß, um eine bessere Chance zu haben, ihn zuerst zu erwischen.

In der Nähe des langen Pfostens stehst du auf den Zehen und bereitest dich auf die Flanke vor. Hier hast du ein wenig mehr Zeit als der Spieler am kurzen Pfosten.

Nutze diese Zeit gut. Atme und entspanne dich, damit du einsatzbereit bist, wenn der Ball zu dir kommt. Wenn du steif und verspannt bist, wird dein Ballkontakt nicht optimal.

In der Mitte bleibst du dem Tor zugewandt. Vielleicht fälscht ein anderer Spieler den Ball ab oder du fängst einen Befreiungsschlag eines Verteidigers ab. Hier musst du auf den Zehen stehen und bereit sein, auf jede denkbare Situation zu reagieren.

Das letzte Teil des Puzzles ist der Schuss ins Tor. In der Nähe des kurzen Pfostens versuchst du, den Ball in Richtung Tor abzulenken, anstatt ihn durchs Netz zu ballern. Nutze das Tempo der Flanke, um die Richtung des Balles zu ändern. Manchmal genügt es, den Ball mit den Zehen zu berühren. Der Innenrist ist aber die beste Wahl. Versuche den Ball flach zu halten, damit es dem Torhüter schwerfällt, deinen Schuss zu parieren. Außerdem solltest du nach deinem Schuss dem Ball nachlaufen. So kannst du einen Abpraller ins Tor schießen. Wenn der Ball an dir vorbeifliegt, stellst du dich auf eine neue Chance ein, weil er sich immer noch in einer Gefahrenzone befindet.

Am entfernten Pfosten passt du den Ball mit der Seite des Fußes zum Tor, wo deine Mitspieler genauer schießen können. Versuche immer, den Ball in die lange Ecke des Tores zu schießen; dann muss der Torwart die Richtung ändern, um den Ball abzuwehren. Versuche in dieser

Position, den Ball gut zu treffen, wenn möglich als Erster. Wenn du genügend Zeit hast, bringst du ihn unter Kontrolle und schlägst dann den Pass Richtung Tor.

In der Mitte bereitest du dich auf einen Torschuss vor, wenn der Ball direkt zu dir kommt. Einen Befreiungsschlag fängst du ab und schießt dann aufs Tor. Wie der Spieler am langen Pfosten wendest du dich am richtigen Platz dem Tor zu und entspannst dich, bereit, einzugreifen. Wenn du sofort abziehen kannst, ist das die beste Lösung. Andernfalls bringst du den Ball unter Kontrolle, spielst ab und bereitest dich auf den nächsten Pass zu dir vor.

Du bekommst den Ball nicht immer; trotzdem solltest du immer wieder in freie Räume stoßen. Dann kannst du aufs Tor schießen, falls der Ball doch noch kommt.

GEHEIMNIS 16

HILF DEINEM TRAINER

Am Ende des Trainings hilfst du, die Ausrüstung einzusammeln, damit auch der Trainer rechtzeitig nach Hause kommt.

FÜR ELTERN

FÜR ELTERN

Ich danke Ihnen dafür, dass Sie dieses Buch ausgesucht haben. Sie wollen Ihren Kindern helfen, besser Fußball zu spielen, sich auszuzeichnen und Spaß am Spiel zu haben. Eltern haben großen Anteil am Erfolg ihrer Kinder, wenn sie immer positiv denken.

WAS IST ERFOLG?

Wenn Profis Fußball spielen, ist es einfach, Erfolg zu definieren: Wer hat gewonnen? Es kümmert uns nicht einmal, warum und wie ein Team gewinnt. Vielleicht hat es das hässlichste Spiel gewonnen, das Sie je gesehen haben. Oder eine Mannschaft hat den Pfosten und die Querlatte getroffen und drei Tore wurden zu Unrecht nicht gegeben.

Letztlich zählt das alles nicht. Wenn Kinder spielen, ist es viel schwieriger, Erfolg zu definieren.

Wäre das Ergebnis das Wichtigste am Kinder- und Jugendfußball, müssten wir die Hälfte der Spieler und Trainer als Versager bezeichnen und nur eine einzige Mannschaft wäre in jeder Liga „erfolgreich". Es ist offensichtlich unsinnig, im Jugendfußball Tore als Erfolgsmaßstab zu verwenden. Stellen Sie sich stattdessen folgende Fragen zu diesem Thema:

- Hat Ihr Kind Spaß? Sehen Sie es lächeln und lachen?
- Respektiert Ihr Kind die Spielregeln und versteht es, dass Gewinnen und Verlieren Teil des Spiels sind?
- Bleibt Ihr Kind dank des Sports fit und gesund?
- Schließt Ihr Kind neue Freundschaften und wächst sein soziales Netzwerk, seitdem es Fußball spielt?
- Lernt Ihr Kind neue Fertigkeiten?
- Will Ihr Kind auch in der nächsten Saison spielen?

Wenn die Antworten auf diese Fragen „ja" lauten, ist Ihr Kind im Fußball erfolgreich!

ERMUNTERUNG ZUM TRAINING

Malcolm Gladwell schreibt in seinem Buch „Überflieger: Warum manche Menschen erfolgreich sind – und andere nicht", 10.000 Stunden seien die magische Zahl der Übungsstunden, die man brauche, um ein Experte zu werden. Diese Regel ist umstritten, vor allem im Sport. Heute herrscht aber Einigkeit darüber, dass die Qualität des Trainings am wichtigsten ist.

Wenn Sie Ihrem Kind helfen wollen, sein Potenzial als Fußballspieler zu entfalten, sollten Sie es zum Trainieren ermuntern, wann immer es Zeit dafür hat. Kinder können viele in diesem Buch vorgestellten Techniken und Strategien auch alleine üben. Dann haben sie ihre Entwicklung selbst in der Hand und können ihr Lerntempo selbst bestimmen.

Schon 20 Minuten Training drei Mal in der Woche haben eine große Wirkung und helfen dem Kind, ein besserer Spieler zu werden. Harte Arbeit ist der Schlüssel zum Erfolg und Talent ist eng mit harter Arbeit und Hingabe verbunden. Begabte Sportler oder Künstler haben eine gute Arbeitsmoral und üben härter und länger als ihre weniger talentierten Kollegen.

Es wird Sie freuen zu hören, dass die Arbeitsmoral im Sport sich auch positiv auf die Schulleistungen auswirken kann!

IHRE ROLLE

Wenn Sie Ihr Kind beim Fußballspielen beobachten, kennen Sie wahrscheinlich die „fußballverrückten" Eltern, die an der Außenlinie entlanglaufen, lautstark Ratschläge erteilen, Entscheidungen des Schiedsrichters und des Trainers kritisieren und ihr Kind blamieren. Ich habe viele Eltern dieser Art gesehen und habe den Eindruck, dass sie tatsächlich glauben, dem Kind und seiner Mannschaft zu helfen.

Am Spielfeldrand Anweisungen zu brüllen ist so ähnlich, wie von hinten im Klassenzimmer eines Neuntklässlers zu schreien: „Zuerst dividieren! Jetzt subtrahieren! Nicht addieren!" Ein Fußballspiel ist die Fortsetzung des Trainings und die Spieler werden nur besser, wenn sie die Chance haben, Fehler zu machen und daraus zu lernen.

Ihre Aufgabe besteht darin, die Entwicklung Ihres Kindes zu fördern, ohne es zu drängen. Kinder entwickeln sich unterschiedlich schnell und alle werden nach und nach besser. Helfen Sie ihnen auf ihrer Reise. Zu den größten Vorteilen des Mannschaftssports gehören die Freundschaften, die dabei entstehen. Fanatische Eltern verderben ihren Kindern die Freude. Gar nicht so selten werden Spieler ausgeschlossen, weil ihre Eltern eine Belastung für das Team sind.

Denken Sie daran: Es geht um die Mannschaft und die Erfahrung Ihres Kindes. Benehmen Sie sich wie ein Gast, unterstützen Sie Ihr Kind und freuen Sie sich, wenn Sie es spielen sehen.

Beim Spiel

Für Fußballer gibt es nichts Schöneres als den Beifall und den Jubel der Zuschauer. Also feuern Sie Ihr Kind an, anstatt ihm Ratschläge zu erteilen. Bei Fußballspielen gibt es keine Auszeiten, darum kann ein Trainer sehr wenig tun, um das Spiel nach dem Anpfiff zu beeinflussen. Trainer wollen, dass ihre Spieler je nach Situation selbst Entscheidungen treffen. Je jünger die Spieler sind, desto schwerer ist das. Manchmal scheinen sie verwirrt zu sein. Viele Eltern und einige Trainer betrachten das als Gelegenheit, den Spielern zu „helfen" und Anweisungen zu brüllen.

Doch während ein Vater noch lautstark Ratschläge erteilt, hat sich das Bild auf dem Feld schon geändert, da Fußballer ständig in Bewegung sind. Wenn Kinder versuchen, die Anweisungen ihrer Eltern zu befolgen, verlieren sie meist den Ball, ohne etwas falsch gemacht zu haben. Zudem kann diese „Unterstützung" einem Kind langfristig nicht helfen, weil es auf Anweisungen wartet und nicht lernt, eigene Entscheidungen zu treffen. Genießen Sie stattdessen gute Spiele und loben Sie die harte Arbeit Ihres Kindes und seine Beiträge für das Team.

Unterstützung bekunden

Das Spiel ist vorbei. Sie sind auf dem Heimweg und wollen über das Spiel reden. Was sagen Sie und wie beginnen Sie das Gespräch?

Die sechs goldenen Worte, mit denen Sie anfangen sollten, lauten: „Ich sehe dich so gerne spielen!" Es ist egal, wie viele Tore die Kinder geschossen und wie gut sie gespielt haben. Wichtig ist, dass Sie Zeit mit Ihrem Kind verbringen. Hier sind ein paar Fragen, mit denen Sie das Gespräch in Gang bringen:

- Wie war das Spiel deiner Meinung nach?
- Was hast du in der Halbzeitpause gedacht? Was hast du in den letzten paar Minuten des Spiels gedacht (wenn das Spiel eng und aufregend war)?
- Wer hat deiner Meinung nach gut gespielt?
- Was war deiner Meinung nach deine beste Leistung im Spiel?
- Was hat dein Trainer nach dem Spiel gesagt?
- Wie bereitet ihr euch auf das nächste Spiel vor? Was könnt ihr dann besser machen?

Ein solches Gespräch ist besser als eine kritische Analyse des Teams, des Schiedsrichters und all dessen, was der Trainer Ihrer Meinung nach falsch gemacht hat. Vergessen Sie nicht, auch die andere Mannschaft zu loben, damit Ihr Kind lernt, die Gegner zu respektieren.

Die Fähigkeit, sich selbst zu beurteilen, ist für Fußballspieler wichtig. Wenn Sie mit Ihren Kindern Gespräche dieser Art führen, fördern Sie ihr kritisches Urteilsvermögen. Das wird ihnen auch in anderen Bereichen des Lebens nützen.

Danksagungen

Vor allem danke ich meinem besten Team, meiner Heimmannschaft, meiner Familie: Joanne, Hope, Ollie, Jake und Lawrence. Die Familie ist nicht alles – sie ist das Einzige.

Ich widme dieses Buch jedem Spieler und Trainer, mit denen ich habe arbeiten dürfen. Ihr habt aus mir einen besseren Trainer gemacht und dafür bin ich dankbar. Ich habe nicht genug Platz, um euch alle zu erwähnen, aber ihr wisst, wer ihr seid!

Vor vielen Jahren entzündete Roy Rees, ein großer Trainer, in meinem Gehirn ein Licht, das heute noch brennt. Danke, Roy!

REGISTER

GEHEIMNISSE: HAST DU ALLE GEFUNDEN?